JN235744

維新漂流

中田宏は何を見たのか

田崎健太 *Kenta Tazaki*

集英社インターナショナル

維新漂流

中田宏は何を見たのか

◉目次

装丁・本文デザイン　三村漢（niwa no niwa）
写　真　中村治
共同通信社／アマナイメージズ

プロローグ

不機嫌

中田宏《なかだひろし》の乗った車は、大阪市内の高層ビルの間を走っていた。空は青く、車の中にぎらついた朝の光が差し込んでいた。

この日、中田を不機嫌にする要素はいくつもあった。

中田は一定以上の酒を飲むと鼻炎気味になる。鼻づまりで昨晩は浅い睡眠しかとれなかった。車に乗って新聞を開くと、滋賀県知事の嘉田由紀子《かだゆきこ》が脱原発を掲げた「日本未来の党」を立ち上げたという見出しが目に入った。党代表代行は大阪府市特別顧問の飯田哲也《いいだてつなり》である。飯田は特別顧問として電力、エネルギー戦略の見直しを担当していた。もし特定政党に関わるのならば、大阪府市特別顧問を正式に辞してからにすべきだと中田は思った。

中田は新聞をたたむと、ノートパソコンを開いた。一八四センチの大柄な身体を折りたたみ、横に転がっているｉＰｈｏｎｅを気にしながら、急ぎのメールを書き上げた。しかし、待っていた連絡はない。

いつものように、維新の党はどこで、誰が、何を決めているのか分からない。総選挙公示まで一週間を切っているのに、いったいどうなっているんだ――。

前日の二〇一二年一一月二七日、公募区長「サポートデスク」のため、中田は大阪に入っていた。区長の公募は橋下徹《はしもととおる》大阪市長が目指す大阪都構想の第一段階だった。中田は区長の選考から関わり、就任後は様々な案件の相談に乗るサポートデスクと称する会議を週に一回程度開催していた。

この日のサポートデスクが中田の大阪市特別顧問として最後の仕事だった。最終日ということで終了後、集まって食事をすることになっていた。公募で選ばれた区長の大多数は民間からの応募者である。市役所と民間企業には様々な文化の違いがあり、すでに摩擦が生じていた。官僚組織は異物を嫌う。小狡《こずる》いやり方で市職員が足を引っ張っている場合もあった。また、民間出身者の意欲は空回りする傾向があった。サポートデスクの参加は任意である。経験がないのに、サポートデスクにまったく顔を出さない区長もいた。近い将来、脱落者が出る不安はあった。それでも、この日は最後ということで、楽しい酒になり、少々飲み過ぎてしまったのだ。

食事会に向かう途中、中田は大阪市役所の地下で待ち構えていた新聞記者に食い下がられた。

「橋下さんが国政に出て、中田さんが代わりに市長になるんじゃないですか？」

一一月一六日に野田佳彦《のだよしひこ》総理が衆議院を解散し、一二月一六日に衆議院総選挙が行われることになっていた。「日本維新の会」が発表した公認候補者の中に中田の名前はなかった。公示ぎりぎりで橋下が国政に転じ、横浜市長の経験のある中田が大阪市長選挙に出るのではないかと記者は疑っていたのだ。

一カ月以上前の一〇月一九日、中田は橋下と立候補する選挙区について話をしている。

それまで中田は小選挙区から出馬する心づもりをしていた。というのも、日本維新の会は選挙経験のない新人候補が多くなる。橋下の知名度で、比例区はある程度議席を獲得できるだろう。一方、小選挙区は組織力、経験が必要である。中田には衆議院議員と横浜市長としての選挙経験があった。自分が小選挙区で出馬して一議席を確保した方が党のためになるだろうと、考えていた。選挙担当である日本維新の会の幹事長で府知事の松井一郎《まついいちろう》も同じ意見で、大阪府内での立候補を勧めていた。一方、橋下は、中田に比例区を考えていた。

自分は小選挙区、比例区どちらでもいい、二人で話をして決めて欲しいと中田は判断を預けていたのだ。

「中田さんは、特定の選挙区に張り付いてもらっては困るんですよね。比例で出てください」

これが橋下の結論だった。

国政選挙になれば党の考えを遊説《ゆうぜい》して回ることのできる応援弁士が必要となる。橋下一人で全国を回るのにも限界がある。橋下は中田を応援弁士として考えているようだった。

しかし、中田には大阪市特別顧問としてサポートデスクの仕事が残されていた。日本維新の会の基本は大阪市改革である。そこを疎《おろそ》かにしては支持基盤が崩れる。小選挙区に出馬するならば、早めの準備が必要になるだろう。橋下からは「中田さんには最後まで大阪へ目配りして欲しい」と頼まれていた。比例区ならば出馬表明は直前でも間に合う。

その後、橋下から改めて「総選挙になれば北海道と北陸信越ブロックを見て欲しい」と連絡を受けた。このどちらか——おそらく北陸信越ブロック比例区から出馬することになりそうだった。

総選挙に向けて、すでに各党は動き出していた。

橋下も一〇月二〇日に鹿児島、熊本、福岡の三都市を皮切りに全国遊説を始めている。大阪市特別顧問の辞表を提出すれば、一気に総選挙の渦に巻き込まれると中田は覚悟していた。

ところが——。

約一週間前のことだ。橋下が北陸信越ブロックの富山、金沢、新潟の三市を遊説で回ると耳にした。

横浜市長だった中田は、全国の首長、特に財政改革に熱心な首長とは付き合いがあった。日本維新の会の基本方針は、道州制の実現、つまり地方でできることは地方に任せるということだ。真摯《しんし》に地方行政に関わっている人間は、地方への権限移譲《けんげんいじょう》の必要性を感じている。良識ある首長は、日本維新の会を支持してくれるはずだった。橋下が一人で遊説するだけでなく、首長が一緒に壇上に立ってくれれば、影響力は大きい。そうした首長を中田は日本維新の会に紹介することはできる。橋下は中田のそうした人脈をあてにしていた。しかし、今回の遊説に関して中田のところには何の連絡もなかった。選挙になれば橋下から重点的に見て欲しいと言われていた北陸を橋下が回るというのも、他からの連絡で知ったのだ。

中でも中田が重要視していたのは、富山市だった。富山は中田の父親の出身地であり、墓参りや帰省などで、子どもの頃からしばしば訪れていた。縁があるということで講演などに呼ばれる機会も多い。富山市長である森雅志《もりまさし》とは特に親しい仲だった。内々に北陸信越ブロックから立候補するかもしれないという連絡を森に入れると、「中田君のためならば、応援演説に立つよ」という返事をもらっていた。

自民党との繋《つな》がりが深い森が中田を応援するというのは異例である。ただし、森にも予定があり、今の日程では難しい。橋下が時間を調節してくれれば、中田も富山に入り、三人で演説できる。その場で立候補表明すれば、注目を集めることになるだろう。森の応援は、富山の自民党支持層を揺るがすことになるかもしれない。公示後は北陸を訪れる機会は限られる。できるだけ効果的な露出をすべきだった。そのため、橋下の遊説日程を変更できないかと、中田の秘書から大阪にある日本維新の会の選挙対策本部に連絡を入れていた。

しかし、一切返事がなかった。前日も中田が直接選対本部に電話を入れると、後から連絡をするという返事だった。幹部たちは候補者の面接で追われているというのだ。選挙の公示まで一週間を切って、候補者を決めたとしてもポスター製作も間に合わないだろう。片付けるべき仕事の優先順位が滅茶苦茶《めちゃくちゃ》だった。

しびれを切らした中田は、橋下の遊説日程を担当しているという人間に直接電話を入れることにした。

「中田宏です。ぼくが橋下代表代行の遊説日程を変更して欲しいと連絡を入れた件は聞いていますか？」

「聞いていません」

中田は拍子抜けした。

「橋下代表代行は（一二月）二日に北陸遊説ですよね。富山の森市長が遊説に立ってもいいとおっしゃっている」

「ああ、それですか？　昨日聞きました」

軽い返事だった。聞いていたならば、どうしてすぐに返事してこないのだと中田はむっとした。

「警察の手配があるので、変更は無理です」

警察の手配は、前日でも変更することができる。こちらは何回、国政選挙をやってきていると思っているのだ、と口から出そうになった。選対本部は慣れない国政選挙で混乱しているのだ。

冷静に話をしようと感情を押し殺した。

「それは分かっているけれど、変更した方がいいと思うよ。富山の票がかなり獲《と》れる」

「いやぁ、無理ですよ」

「森さんがわざわざ言ってくれているんだよ」

「できないんですよ」

難しいことを承知で頼んでいるのだ。とにかく動いてみて、駄目ならば仕方がない。しかし、この男は動く気もないのだと思うと、怒りが湧《わ》き上がってきた。

「俺は橋下さんから北陸を見てくれと頼まれている。でも、こちらには何の連絡もない。一度決めた日程が動かせないのならば、その前に相談してくれよという話になる。何のために担当をしているのか分からんよ」

すると、「そんなこと言われても、中田さんの動きなんかこっちでは分かりませんよ」と中田の言葉を遮《さえぎ》った。

「そもそも、中田さんが電話をしてきたのは初めてじゃないですか？」

中田は思わず「馬鹿言っているんじゃないよ」と大声を出した。

「こちらは橋下さんに言われて、ぎりぎりまで特別顧問をやってるんだよ。だから遊説はやらないできた。いよいよ特別顧問の仕事が終わるので、うちの秘書を通じて連絡を入れているのに、返事が来やしない」

「代表代行の遊説日程を知りたければ、事務局まで来て頂いて……」

自分たちが動きやすいように支えるのが、裏方の仕事ではないのか。国会議員に対しても横柄《おうへい》な対応をしているという話は中田の耳にも届いていた。

「分かったよ、分かったよ。あんたと言い合いをしていても仕方がない」

中田は乱暴に電話を切った。

大阪にある維新の会の事務局とこうしたやり取りをするのは初めてではない。

橋下と近い中田のところには、様々な問い合わせがあった。しかし、中田のところに何の連絡もなく、多くのことは新聞報道で知っていた。そもそも維新の会党本部の人間が情報を管理しているかどうかも怪しかった。

日本維新の会に合流した国会議員たちは、橋下とこの新党への追い風を利用するため、心の中で舌打ちしながら笑顔を見せている。しかし、総選挙が終われば話は別である。これまでの不満が噴き出すことだろう。総選挙に入る前から、すでに国政政党・日本維新の会の党本部としての機能が破綻していた。これからもっと混沌とした状況になるだろう。暗澹《あんたん》たる思いで中田は座席に身を埋《うず》めた。

今の日本の体制は疲弊し、腐食している。これを「グレートリセット」しなければ沈んでいくばかりだ。橋下たちのこの考えに賛同したからこそ、中田は行動を共にする決意をした。しかし、その思いはしっかりと嚙み合って前に進んでいるとはいえなかった。今の日本維新の会は、大海に漕ぎだした小舟が荒波の谷間で漂っているかのようだった。

それでも——旧来のしがらみなく日本を変えられるのはこの党しかないのだと、中田は思い直した。

第一章

二人の現実主義者

タレント候補

中田宏が初めて橋下徹と会ったのは、二〇〇五年七月のことである。

横浜市長だった中田は、島田紳助《しまだしんすけ》が司会するテレビ番組『行列のできる法律相談所』のゲストに呼ばれた。そこで橋下は、法律相談に答える弁護士席に座っていたのだ。

『行列のできる法律相談所』には番組台本がなく、島田がその場の流れで進行していた。橋下はその即興を楽しむように、島田と丁々発止のやり取りをしていた。話の流れに乗りながら笑いをとる、芸人顔負けの話術に中田は舌を巻いた。

橋下は一九六九年に東京都で生まれている。大阪府立北野高校から早稲田大学に進学。司法試験に合格し、九八年に橋下綜合法律事務所を開いている。そして〝茶髪の弁護士〟としてテレビに出演し、歯に衣《きぬ》着せぬ発言で人気となっていた。

中田は小学五年から中学一年まで大阪市に住んでいたことがある。横浜から福岡、そして大阪に引っ越してきて、まず戸惑ったのは言葉——大阪弁だった。皆、口が達者で、それまで周囲から弁が立つと見られていた中田も圧倒された。口喧嘩《くちげんか》になれば勝てないと思ったものだった。橋下には、そうした大阪の少年の面影があった。

二〇〇七年一二月、その橋下が大阪府知事選挙に出馬するという報道を目にした時、意外な気がした。そつなく弁護士をこなしながら華やかな芸能界を器用に泳ぐ、橋下のような人間に政治の世界は似つかわしくないと思ったのだ。

橋下の立候補は自らが強く望んだものではなかった。

現職の太田房江《おおたふさえ》は一〇月末まで三選出馬の意向を示していた。ところが一一月、太田が経営者団体の会合で多額の「講師謝礼金」を受け取っていたことが発覚した。この会合に参加していた企業が大阪府と公共事業の随意契約《ずいいけいやく》を結んでいた。随意契約とは、競争入札によらない契約である。太田が何かしらの便宜《べんぎ》を図っていたと勘ぐられても仕方がなかった。さらに親族宅を政治団体の事務所として登録していたことも判明した。

政治家に対する不透明な金の流れに選挙民は敏感に反応する。

また、それまで太田を支持していた自民、公明、民主の三党が割れていた。先だって行われた一一月一八日の大阪市長選挙で民主党が平松邦夫《ひらまつくにお》、自民党と公明党は關淳一《せきじゅんいち》を推薦していた。選挙後、当選した平松と太田が万歳をして笑顔で握手する姿は、自民党府議団の怒りを買うことになった。自民党府議団は、太田のもともとの支持基盤だった。結果、自民党は太田の推薦を見送った。民主党も太田とは別の独自候補を擁立する方向だった。出馬意欲を見せていた太田も一二月三日に立候補を断念すると表明した。

そこで自民党府議団が担ぎ出したのが、橋下だった。一方、民主党は社会民主党、国民新党と共に元大阪大学大学院教授の熊谷貞俊《くまがいさだとし》を立てた。

二〇〇八年一月二七日に行われた選挙で、橋下は一八三万超の票を集め、熊谷にほぼ倍の差をつけて当選した。

中田はもともと知名度を頼りに出馬する、いわゆるタレント候補には冷ややかだった。

行政の問題を解決するには、官僚組織、労働組合と対峙《たいじ》しなければならない。正論を通せば、嫌われることばかりである。不確かな人気を保つこと、つまり人から嫌われないことが〝タレント〟として成功する資質とするならば、タレントほど政治家に向かない人種はない。

ただ、橋下はタレントとはいえ弁護士として法律を扱ってきた経験がある。他のタレント候補とは事情が違う。また、選挙期間中、二〇〇七年に発覚した減債基金《げんさいききん》を巡る赤字隠しを指摘し、「大阪府は破産会社である」と財政改革の必要性を訴えていた。

大阪府の借金――府債の大半は三〇年間の満期一括償還方式をとっている。期限が来た時に一気に返済することは、予算を圧迫する。そこで将来の返済のために毎年一定の金額を積み立てていく。それが減債基金である。大阪府はこれを使って財政赤字の額を圧縮していたのだ。

橋下は府知事に就任すると、「財政非常事態宣言」を出した。

「中之島図書館と中央図書館以外はすべて不要。一三の府有施設の民営化と売却を検討する」

どこまで彼は本気なのだろうと中田は半信半疑だった。本当に改革しようとすれば、選挙で支援した自民党や公明党とも衝突することだろう。当選直後、中田は「おめでとう」と電話を入れ、こう続けた。

「財政再建を本気でやるのならば、血を見るような戦いになるよ」

すでに中田には〝血を見るような戦い〟を仕掛けられた経験があったのだ。

若い首長

中田が横浜市長に立候補するきっかけとなったのは、軽い気持ちで発した一言からだった。

二〇〇一年一二月、衆議院議員だった中田は後援会を取材に来た新聞記者から、横浜選出議員として横浜市長選挙をどう考えるか尋ねられた。横浜市長選挙が翌年三月に予定されていたのだ。中田は「現職市長の四選出馬は支持できない」と答えた。以前から中田は首長多選に反対していた。とはいえ、わざわざ尋ねられなければ口にすることはなかっただろう。

横浜市長の高秀秀信《たかひでひでのぶ》は三期を務め、四選出馬を表明していた。

組織を束ねるという意味では、首長も民間企業の経営者も同じである。ただし、民間企業には市場という評価がある。商品、サービスの質が悪ければ顧客は離れ経営者は責任を問われる。一方、首長は任期中によほどのことがなければ失職はない。首長の施策《しさく》が気に入らないので税金を納めないという人間がいれば強制執行で取り立てることができる。いわば絶対的独占企業である。

高潔な人物でさえも、競争なき独占企業の長を長く務めていると腐敗は免れない。たとえ、本人が腐敗しなかったとしても、組織は硬直化し、周囲に汚職が広がるものだ。そのため中田は多選に反対してきた。

この横浜市長選挙には、もう一つ中田が嫌っている要素があった。本来主張が衝突するはずの複数政党が同一候補を支援する、〝相乗り〟である。

自民党ならば公共事業費の増額、民主党や社民党は公務員の増員――それぞれ支持基盤の要求がある。選挙の応援をして〝与党〟となれば首長に貸しができ、要求に応えさせることができる。相乗りは、複数政党が地方議会で与党となって実利を得る手法だった。

各党の予算要求を認めれば、当然予算は肥大化し、借金を生み出すことになる。それが横浜市でも積み重なっていた。

この相乗りの首長には、中央の官僚出身者を担ぐことが多かった。地元の総意として国へ事業要求する際、中央省庁に顔が利く人間が都合がいい。その意味で高秀は適任者だった。

高秀は一九二九年八月に北海道の夕張町（現夕張市）で生まれた。北海道大学工学部を卒業後、建設省（現国土交通省）に入り、建設事務次官となった。その後、水資源開発公団総裁を経て、九〇年の市長選に自民党、公明党、民社党の推薦を受けて横浜市長選に出馬、当選した。四期目に出馬すれば、共産党以外のすべての政党から推薦を得られると見られていた。どの党も相乗りの実利を目論《もくろ》んでいたのだ。

建設省出身の高秀は、横浜国際総合競技場、横浜港大《おお》さん橋《ばし》国際客船ターミナルなど横浜市に多くの巨大建造物を建設している。こうした施設の成否は文化的な側面もあり、単純な収支だけで価値を測ることはできない。ただ、横浜市がこうした施設建設に耐え得る財政的余裕があれば、である。ところが横浜市債発行額、つまり市の借金は当時、二兆三五七一億円に膨れあがっていた。その要因の一つがこうした〝箱物〟建設だった。

さらに毎年の維持費用も問題だった。横浜国際総合競技場はピッチの芝生をはじめとした施設管理費は年間四億円以上になっていた。大さん橋は、稼働率の低い一二〇〇人収容の多目的ホールまで抱えており、こちらも年間四億円を超える管理費が必要だった。また、施設の屋上はブラジルから運ばれた木材が敷き詰められていた。雨ざらしのため定期的に屋根を張り替えねばならない。この経費も莫大となる。横浜の観光地となっているとしても、維持管理費用の負担を将来の世代に強いる施設となっていた。

中田と高秀は知らない仲ではなかった。

高秀が初当選した九〇年の横浜市長選挙を中田は松下政経塾部長の紹介でボランティアとして手伝い、知遇を得た。ただ、中田が衆議院総選挙に出馬した際、高秀からの応援を受けていない。当選してからは神奈川県選出議員と横浜市長として、式典等で顔を合わせる程度の付き合いだった。

高秀の政治家としての手腕以前に、多選には賛成できないという中田の発言は小さな新聞記事となり、それを目にした一部の横浜市会議員からも四選反対の声が上がるようになった。

政権奪取を目指していた民主党は、自民党との差を鮮明にするため、前年の知事・政令指定都市選挙では、原則七〇歳以上、四選以上の候補者は推薦しないと決定していた。高秀はその両方に当てはまっていた。しかし、民主党という政党は寄せ集めで、統制がとれない組織である。神奈川県連は党本部の決定に従わず、独自に高秀を支援する方向だった。

選挙が近づいても高秀に対立する候補者は現れなかった。何人かの候補者の名前は挙がったものの、最終的には腰砕けとなった。ただでさえ、組織を持っている現職候補は有利な上に、各党が推薦している。常識で考えれば勝ち目はなかった。

こうして四選反対を最初に口にした中田が前に押し出されるようになった。中田の支援者は出馬に大反対だった。

「九分九厘負ける」

「せっかく、衆議院三期目に当選しているのに、どうしてわざわざその職を捨てるのだ」

「わざわざ」と引き留められたのも無理はない。

中田は一九六四年に神奈川県横浜市で生まれた。青山学院大学から松下政経塾に進み、九二年三月から細川護熙《ほそかわもりひろ》と行動を共にするようになった。

細川は肥後熊本藩主の子孫であり、母方の祖父は近衛文麿《このえふみまろ》という名門の出である。上智大学を卒業後、朝日新聞社に入社した。六九年の衆議院総選挙に熊本一区から出馬したが、落選。七一年参議院選挙で当選した。八三年に熊本県知事に転じ、二期を務めた後、活動の拠点を東京に移していた。とはいえ「殿様の子孫」として人々の頭の隅に置かれる程度で、それほど政治家としての知名度はなかった。

状況が一気に変わったのは九二年五月のことだ。細川は『文藝春秋』六月号に「『自由社会連合』結党宣言」という論文を発表した。これが大きな反響を呼ぶことになり、新党が本格的に動き出した。

この新党は「日本新党」と名付けられ、六月には東京の高輪《たかなわ》に党本部を開いた。七月二六日に行われた第一六回参議院選挙で日本新党は比例区で一七人の候補者を立て、党首の細川、小池百《ゆ》合子《りこ》ら四人が当選した。自民党の派閥政治に飽き飽きしていた人々に、既存政党とはまったく違った成り立ちの日本新党は新鮮に映ったのだ。

この年の夏、自民党の最大派閥だった竹下派の金丸信《かねまるしん》会長が政治資金問題を理由に派閥会長を辞任したことをきっかけに竹下派が分裂した。派閥から飛び出した小沢一郎《おざわいちろう》や羽田孜《はたつとむ》は政治改革を口にするようになった。自民党の中核が崩れ始めていた。宮澤喜一《みやざわきいち》首相が選挙制度改革法案の処理に失敗し、九三年六月に羽田、小沢など一部自民党議員の造反によって内閣不信任案が可決された。自民党から飛び出した武村正義《たけむらまさよし》らが「新党さきがけ」を、羽田と小沢が「新生党」を結成した。

混沌とした状況の中で同年七月一八日の第四〇回衆議院総選挙を迎えることになった。細川と小池は参議院から衆議院に鞍替えし、出馬した。

中田が出馬を打診されたのは、選挙公示日二週間前のことだった。神奈川一区に予定していた候補者が突然いなくなってしまったのだ。各都道府県の一区は、県庁所在地の都市部が割り当てられている。その目立つ選挙区を空白にすることはできない。細川は中田が横浜市出身だったことを思い出し「お前、やるか」と尋ねたのだ。

「少し考えさせてください」

その時は即答できなかったが、数日後「やります」と返事をした。

こうして二八歳の中田は神奈川一区から出馬することになった。

政界の常識に照らし合わせてみれば、細川は面倒見の悪い領袖《りょうしゅう》だったと言える。例えば自民党の議員であれば、派閥の長は意に従う議員を集めるために資金的な援助を与える。中田の場合、選挙資金は自費、選挙活動を助ける参謀的な人間もあてがってもらえなかった。そのため自分で工夫して支持層を広げていくしかなかった。

まず手をつけたのは話題となっている日本新党から候補者が出ていることを知ってもらうことだった。投票所に行けば、党名と候補者のリストが貼ってある。日本新党の候補者を探してもらえれば中田と分かるだろう。日本新党の本部に、政党名だけのチラシが余っていることを耳にしていた。自分の名前が入っていないので使いにくいと他の候補者は返品していたのだ。中田は「これを「余っているチラシを全部欲しい」と連絡を入れた。チラシは一〇〇万枚あった。中田は「これをすべて配りましょう」と運動員に目標を伝えた。これをすべて配り終えれば、選挙区の世帯に二度は渡る計算となる。選挙活動では見えやすい達成目標を作ることが大切だと中田は考えていた。

街角に立って配るのはもちろん、新聞の折り込みにも使った。そして中田は一〇〇万枚のチラシを配り終えた。

選挙期間中は、早回しの映像を見ているように無我夢中であっと言う間に過ぎ去った。松下政経塾では朝礼でみんなの前で話をさせられてきた。人前で話をする度胸はあったつもりだったが、実際に自分が候補者として話してみると勝手が違っていた。先輩たちのように自分の考えを分かりやすくかみ砕いて話せない自分が歯がゆかった。

それでも開票してみると、中田は定数四人の中で首位で当選していた。政治の世界には「一区現象」という言葉がある。都市部の選挙民は、世の中の流れに敏感である。横浜市の中心地を含む、神奈川一区はその傾向が強かった。旧態依然《きゅうたいいぜん》たる自民党政治に対する、政治改革を掲げた日本新党は追い風を受けていた。若い中田はその追い風に乗ったのだ。

衆議院初登院の日は中田の記憶に強く残っている。衆議院総選挙後の初登院のみ、議員は国会議事堂の正門から入ることになっている。正門をくぐり、職員から議員バッジをつけてもらった時、国会議員になったという高揚感を中田は感じた。

本会議場の席順は、当選回数が多い議員が後ろに座ることになっている。日本新党の中で最年少だった中田の席は最前列となった。中田は周りの人間がみな凄い人間に見えて、気後《きおく》れしていた。

当選は自分の力によるものではない。新党に対する風はいずれ消える。自分の足元は極めて脆《もろ》いことを中田は自覚していた。親の地盤を引き継いだ二世議員からはどうせ次の選挙でいなくなるだろうと冷ややかに見られていることも感じていた。負けず嫌いの中田は次も絶対に当選しようと決心した。

そこで毎朝五時半に起きて、駅前での街頭演説を自分に課した。議会以外は時間がある限り選挙区に帰り、様々な人間と会うことにした。例えば理髪店は火曜日が休みである。休みの前日、月曜日の夜は理髪店関係者と会って酒を飲んだ。商店街は水曜日が休みなので、火曜日の夜は商店街の人たち、土曜日は会社員たちといったふうである。衆議院一期目を振り返ると、中田の睡眠時間は平均約三時間しかなかった。

二期目の一九九六年総選挙は選挙制度改革により、小選挙区と比例代表の並立制となった。日本新党は新進党へと変わり、新味を失っていた。さらに中田が立候補した神奈川八区に自民党は松崎正策《まつざきまさふみ》を立ててきた。松崎は東急電鉄の社員で、東急グループが後ろ盾となっていた。企業ぐるみの選挙である。神奈川八区は東急電鉄沿線の緑区、青葉区が選挙区となっていた。街宣車で回ると、あちこちに松崎と自民党のポスターが目に入った。組織力ではまったく敵《かな》わない。それでも中田は六万六三一三票を集め、三万九八六二票の松崎に勝つことができた。

続く二〇〇〇年の三期目は新進党が分党したため、中田は無所属で出馬し、当選していた。政党の支援なしに出馬するのは、様々な困難がある。それを中田は乗り越えていたのだ。

中田が横浜市長選挙に出馬を表明したのは、投票日の約一カ月前、二〇〇二年二月二八日のことだった。自民、公明、社民、保守の四党は予想通り高秀を公認したが、民主党本部は多選禁止を理由に公認を却下した。それでも民主党県連は高秀を独自推薦した。民主党の中のごく一部の議員は中田支持に回り、新聞は「民主党はまたさき状態」と書いた。

対照的な二人だった。

官僚出身、高齢、複数政党からの組織的な支援を受ける高秀と、松下政経塾出身、三〇代、学生などボランティア中心の支援の中田――。

中田は多選の弊害の他、不透明な横浜市の財政改善を訴えた。横浜市の借金は市債として公表されている二兆五〇〇〇億円だけではなかった。病院や大学などの特別会計、水道や交通、下水道などの企業会計の起債残高は二兆円を超えていた。

これらの負債は、毎年の料金収入から返済、足りなかった場合は税金で補塡《ほてん》することになっている。しかし毎年赤字を出している以上、返済どころか最終的な補塡が不可欠となる。つまり先送りしている借金を足すと市の負債は五兆円になる。他にも隠している負債があるだろう。しがらみを断ち切る人間が市長にならなければ横浜市は立ちゆかなくなると中田は語りかけた。

中田は三度の衆議院総選挙を経験して、演説を聴く人々の態度で風向きが分かるようになっていた。街頭演説をしていて、通り過ぎる車があるとする。その窓が少し開くかどうか、手を振り返してくれるかどうか――一四日の選挙期間のうち、手応えがあったのは最後の三日のみだった。高秀を追い上げたという感覚はあったが、当選の確信は持てなかった。

選挙の最終日、中田は最後の演説をこう締めくくった。

「私は衆議院議員を辞して横浜市長選挙に出馬しました。有権者の皆さんに選択肢を用意しましたので、後は皆さんの責任で判断してください」

ひたすら自分に入れてくれと頭を下げるのではない。投票する人間に責任を問うという中田らしいものだった。

投票日の夜、開票が始まると、拮抗《きっこう》しているという情報が入ってきた。そして、僅差《きんさ》で中田が上回っているという続報が入り、日付が変わる前、当選が確定した。四五万票対四三万票の接戦だった。三七歳の中田は政令指定都市で史上最も若い首長となった。

スキャンダル

横浜市の中心部、関内《かんない》駅を出ると横浜スタジアムが見える。その隣にある八階建ての建物が横浜市役所である。市長に就任したばかりの中田が、昼間に公用車で所用から戻る際、しばしば市役所前の赤信号で停まった。横断歩道を渡る人たちの姿をぼんやりと眺めていると、一般市民と市役所職員を簡単に見分けることができることに気づいた。彼らは小走りで歩く人たちの中で、一際《ひときわ》ゆっくりと歩いていたのだ。この習癖《しゅうへき》を変えることは容易ではないと中田は思った。

中田は就任してすぐ、横浜市財政の見直しを、「財政改革ビジョン検討チーム」と名付けた外部の専門家に依頼した。官僚組織は、自分たちが引き継いだ組織を存続させることを最優先させる。そのためには不都合な数字を隠すことも厭《いと》わない。徹底的に財政を洗い直せと指示を出しても、内部調査で明らかにならないことは分かっていたからだ。

例えば、前年の二〇〇一年度の横浜市のバス事業の経常収支は黒字となっていた。これにはからくりがあった。営業損益は三九億円の赤字、そこに四二億円を市税から繰り入れて黒字にしていたのだ。その他、市営地下鉄は経常損益は一六三億円の赤字。市営病院、市営住宅——財政改革ビジョン検討チームが明らかにした横浜市の借金総額は六兆二二一三億円という巨額なものだった。横浜市は破綻寸前だったのだ。

行政機関を改革するには、情報公開を徹底的に行うことだ。市役所にとって都合の悪い情報でさえも公開する。公開すれば、様々な視点から改良の意見を受けることも、関係部署同士での調節も可能となる。また外部から見られているという自覚は抑止力となる。市職員、市議会議員が自分たちの都合の良いように秘密裏に動かせなくなるのだ。

まず中田は、市長交際費を全面公開した。その後、全会計の市債残高、向こう五年の財政見通し、予算編成の審査過程なども公開した。

中田は市役所内部にも厳しい目を向けた。

横浜市には五五種類の特殊勤務手当が存在した。条例には「著しく特殊な勤務」に手当を支給すると定めてあるにもかかわらず、保育士に「保育手当」が、学校給食調理員に「給食業務手当」がついていた。その職種として当然の仕事をしているだけで特殊勤務手当が支給されていた。「放射線取り扱い手当」「墓地霊堂手当」という、多少でも特殊性が理解できるものはごくわずかだった。特殊勤務手当という名目であらゆる職種に賃金を上乗せしていたのだ。

中田は二〇〇三年度からすべての特殊手当を廃止しようとしたが、労働組合の反発は激しかった。話し合いの結果、二〇〇四年に半減、二〇〇五年にさらに減らし、二〇〇六年に原則全廃した。

すると――

〈お前は馬鹿だ〉

〈死ね〉

中田を口汚く罵るメールが次々と届いた。匿名ではない。市役所のメールアドレスで、部署、氏名まで明記してある。公務員の地位は手厚く法で護《まも》られており、刑事事件、あるいは無断欠勤の連続などがなければ、処罰を受けることはない。そのことを知っているため実名でメールを送るのだ。よほど、肚《はら》を据えて取り組まなければ、改革はできないと中田は自覚した。

また、就任の翌年から真っ黒い色に塗られた右翼団体の街宣車が横浜市役所に現れた。

「砒素《ひそ》が出たことを知らんぷりするな」

「付近住民に多大な恐怖を与えている。中田市長は責任を取って即刻辞任しろ」

市営地下鉄の車両基地建設現場から砒素が検出されていた。この土地にはかつて農薬工場が建っていたのだ。この土地買収を決めたのは前市長時代である。中田は砒素検出後に徹底調査を命じていた。明らかに言いがかりだった。

街宣車は毎日午後二時から四時あたりに現れ、市役所の周りを五、六周すると引き揚げていった。大音響のため、会議は中断せざるを得なかった。

「何事も毎日続けるというのは大切ですね。我々もがんばりましょう」

中田は冗談で笑い飛ばすこともあった。抗議をやめてくれないかと話し合いの場を作ることこそ、彼らの狙いである。中田は一切対応しなかった。そのため街宣車は中田の在任中、ほぼ毎日現れることになった。

この右翼団体の背後関係ははっきりしない。各種業界団体への補助金を見直し、すべての公共事業を一般競争入札へと変えたことで、建設業界から反感を買ったことと関係があるかもしれない。

この他、市長室にはいたずら電話が入り、中田の住む市長公舎に見知らぬ男が現れて面会を要求するようになった。それは、二〇〇五年に神奈川県警と協力して黄金町《こがねちょう》の売春業者の取り締まりを始めてから執拗《しつよう》になった。あえて簡略に記せば、右翼、左寄りの労働組合、そして売春業者の裏側にいる反社会組織――右から左まで、この青年市長を憎むようになっていた。

中田の支えとなったのは、市民からの強力な支持だった。

一般的に市長は知事よりも実務能力が要求される。その意味で、中央省庁の事務次官経験者は市長に適任だった。彼らは中央官庁と連携をとり、決断はしないものの調節する能力を発揮してきた。

ただ、それは都市が成長しつづける、もしくは力を維持するという条件が前提となる。

市町村の安定財源は個人住民税と固定資産税である。賃金の上昇、人口増が続けば、市町村の税収は増え続ける。ところが一九九〇年代から土地価格は下落し、人口の自然増も停まっていた。人口構成は高齢化し、勤労人口は減少。当然、個人住民税と固定資産税は目減りする。日本の都市はこれまでにない縮小化の段階にある。調節を得意とする人間では、前例のない事態に対応できない。中田のような市長の登場は必然だった。そのことを横浜市民は漠然と感じていたのだ。

しかし、中田の進める改革はそれまで既得権益を貪っていた人間の怒りを買うことになる。そして、このまま中田が改革を進めることに危機感を抱いていた。中田の唯一の頼みともいえる市民からの信頼を失墜させようと考えたのは当然のことだったろう――。

中田に関する怪文書が出回り始めたのは、二〇〇五年一一月から一二月にかけてのことである。〈弁天通三丁目のナナチャンと同伴された事件が、今市内で広く噂になってきました〉という書きだしで、横浜市内のクラブに勤務するホステスと中田が親密な関係にあるという内容が書かれていた。その後、この怪文書を抑えることができるという人間も現れた。中田に貸しを作るためだったのかもしれないし、反社会組織と裏取引させて、それを証拠に脅そうとしていたのかもしれない。

二〇〇六年三月に次期横浜市長選挙が近づいていた。政治家の弱みは選挙である。できるだけ選挙で自分に対する不利な情報が流れるのを避けたいと考えるものである。しかし、中田は何も後ろめたいことはないと、対応しなかった。

二期目の選挙に不安がなかったわけではない。

横浜市営バスを建て直すために、敬老パスの見直しを行っていた。経営が安泰ならば老人は無料でもいい。しかし、このままの赤字が続けば、市営バスの運営自体が危うくなる。また、この無料は結局、若い世代へ負担を強いているだけなのだと中田は、七〇歳以上の市民へ無条件に与えられていた無料パスを有料化した。

わざわざ選挙前にこうした改革をしない方がいい。市民は自分の利益に敏感だ。選挙に影響が出ると助言した人もいた。それでも、三月二六日に行われた横浜市長選挙で中田は、八三万超もの票を集め、得票率八三・六八パーセントという圧倒的な支持で再選を果たした。

すると二〇〇七年一〇月末、『週刊現代』で〈ハレンチ徹底追及〉と称する連載が始まった。中田が看護学生に対して猥褻《わいせつ》な行為をしたという内容だった。まったくの事実無根だった。中田はすぐに訴訟を起こしたが、連載は七回続くことになった。中田の訴えに真摯《しんし》に向き合い検証するのではなく、次々と公金横領、公務放棄と中田の〝悪行〟を書き立てた。後に裁判所は、〝看護学生〟という女性は存在しないこと、〝悪行〟についてもまったく根拠がないと中田側の主張を全面的に認めた。しかし、この時点では、書かれた人間にはなすすべがなかった。

まったく事実に反することでも、何度も耳にすると真実味を増してくるものだ。「横浜市長に関してこんな記事があった」と別のメディアが取り上げた。捏造《ねつぞう》記事を報じることで、嘘《うそ》の連鎖が起こった。何となく胡散臭《うさんくさ》い男——色にたとえるならば、中田宏は白から灰色の印象の政治家になりつつあった。

橋下徹が大阪府知事に当選した二〇〇八年一月末は、まさに中田が週刊誌から攻撃を受けた後だった。当選直後の橋下に「財政再建を本気でやるならば、血を見るような戦いになるよ」と電話したのは、中田の深い実感からだった。

ワッハ上方

市長として中田は良かれと思うことを慎重に、順序だてて事を進めてきたつもりだった。それでも嫌われ、捏造記事を書かれた。自分のようにならないためには、さらに周囲から文句を出させないよう事を進めた方がいい。それが中田から橋下への忠告だった。

「まず、財政を丸裸にすること。表面に出てこない借金が山ほどあるはず。それをまず明らかにすること。その上でどのように財政を再建するのか、五年程度の中期計画を立てる」

あなたがやろうとしていることへの協力は惜しまない。後はメールでやり取りしましょうと中田は電話を切った。

後日、中田は以下の趣旨のメールを橋下に送った。

〈まず、公認会計士など、外部の専門家を入れたプロジェクトチームを作る。この金がどうしてここに使われているのか、どうしてここに溜《た》まっているのか明らかにする。大切なのは外部の人間に頼むということ。内部の人間が作業をすると、説明をしたくないから隠す。財政を把握した上で、五年程度の中期の財政再建計画を立てる〉

財政再建には必ず、「どうして自分のところだけ、予算を削られるのだ」といった類《たぐ》いの不満が出てくるものである。削減分野に〝むら〟が出ないようにするためにも、まずは財政の全体像を把握する。その上で不平を抑え込むために「来年は二〇〇億円の収支不足になる。再来年は三〇〇億円が不足となる」といった具体的な数字を示す――。

橋下は大阪府庁の部署の垣根を超えた一一人の改革プロジェクトチームを設置した。プロジェクトチームは二〇二一年度までの財政見通しを試算。減債基金からの繰り入れをせず将来の償還に備えるためには、二〇〇八年度に一一〇〇億円、その後も二〇一六年までに総額六五〇〇億円の歳出削減が必要だった。

この歳出削減を実行するため、二〇〇八年度予算は凍結され、七月までの暫定予算とした。一一〇〇億円の歳出削減のために、職員退職金を含む約一〇パーセントの人件費削減を柱にした「財政再建プログラム試案」が四月一一日に提示された。

試案の決定は、改革プロジェクトチームと各事業部局の公開討論を経て、橋下が裁断を下すことになっていた。そして六月五日に一一〇〇億円削減した「『大阪維新』プログラム（案）」が発表された。

中田はこの報道を市長室のテレビで見ていた。橋下が大阪で行おうとしているのは、自分が横浜で実行してきたことだ。橋下の苦労は容易に想像できた。議会で案を通そうとすると反対され、不必要と思われるような説明まで求められる。その応対のため中田は担当職員の手を借りて、二〇〇問以上の想定問答集を用意することもあった。市の外郭団体、天下り対策については、答案作成を手伝うはずの市職員が非協力的な態度を取ることもあった。これは彼らの既得権益を損ねることになるからだ。

もうやめよう――。

目の前にある答弁用紙を放り投げて帰りたいと思ったことは一度ではない。それでも我慢して条例を通してきた。するとどうなったか。週刊誌に限らず、新聞でさえも自分を陥れようとする人間の主張を、検証せずに載せている。橋下に対しても今は持ち上げているが、どこかで梯子《はしご》を外すのだろう――。

橋下の一挙手一投足が大きく取り上げられるというのは、大阪という街の特性もあった。大阪には東京に対する強烈な対抗意識があり、在阪メディアは大阪での出来事の報道に時間を割く。横浜市にはテレビ局、新聞社も支局を置いているものの、地元専門のメディアを除けば、それほど横浜市のことを多く報じない。少なくない横浜市民が東京に勤務しており、地元に対する興味が薄いこともあるだろう。開放的な港町、先進性に富んだ街という、ぼんやりとした誇りはあったとしても、大阪と比べると強烈な地元意識はなかった。

また、橋下は世間の耳目を集める、〝敵〟の作り方が巧みだった。

その一つが大阪府立上方演芸資料館、通称「ワッハ上方」の移転である。

ワッハ上方は一九九六年に開館した〝お笑い〟の資料館である。大阪市中央区難波千日前《なんばせんにちまえ》にある吉本興業所有のビル「YES・NAMBA」の、四、六、七階フロアを賃貸しており、展示物の他、過去の映像、音声資料の視聴、演芸ホールを備えていた。

設立のきっかけとなったのは、参議院議員だった西川《にしかわ》きよしの知人が砂川捨丸《すながわすてまる》の遺族から鼓《つづみ》を預かったことだった。砂川捨丸は初めて漫才のレコードを吹き込み、東京の浅草で興行をした上方漫才の先駆者である。鼓は捨丸の漫才に欠かせないものだった。そうした貴重な資料が散逸しつつあるのは忍びないと、大阪府が主導して資料館を設立していた。

大阪の大衆文化を後世に伝えるという趣旨は悪くない。問題は、このワッハ上方が年間五〇〇〇万円の収入に対して、年間経費四億三〇〇〇万円という赤字施設になっていたことだ。改革プロジェクトチームは、二〇〇七年度の予算で二億八四〇〇万円となっている賃料を問題視し、施設の移転を提言した。吉本興業所有のビルから賃料の安い通天閣へ移転すれば、大幅な支出削減となる。

これに対して、吉本興業は「ワッハ上方の恒久的《こうきゅう》な入居を前提として、大阪府の要求仕様に従って建物を建設した」と反発した。

元NHK記者の毛馬《けま》一三《いちぞう》が小説仕立てで書いた『ワッハ上方を作った男たち』によると、当時の吉本興業の中邨秀雄《なかむらひでお》社長は副知事にワッハ上方への入居意志を確かめた上で、土地買収を開始。入居に必要な保証金は免除、その代わりに府知事と三〇年間の使用を約束したという。三〇年が過ぎれば、自動的に延長されることになる。いわば半永久的な入居である。

これについて橋下は、

「恒久的な施設なんていうのは、そんな世の中、甘い商売なんてないですよ。吉本さん、あまりにお金に関して、がめついんじゃないですかね」

と返した。

またワッハ上方の運営管理会社の理事長、役員に在阪テレビ局の社長たちが名前を連ねていた。退職したテレビ局員の受け皿となっていたことが判明し、移転問題は大きく取り上げられることになった。

二重行政

中田と橋下はメール、電話でしばしば連絡を取るようになっていた。橋下は分からないことがあるとどんどん尋ねてきた。知識、経験不足を素直に認める橋下に中田は好感を抱くようになった。

中田は横浜市での実績があった。その中田に意見をぶつけることで、自分の行動が正しいかどうか確認している節があった。

リーダーとは〝一〟を見て、残りの〝九〟がどのように絡み合っているのかを洞察する力が必要であると中田は思っている。一部だけを見て、全体のどの箇所に問題があるのか見抜く力と言ってもいい。現時点では、地方行政の問題について中田の方が詳しい。ただ、橋下という男には問題の本質を見抜く勘の良さがあった。

橋下の手法は中田とはかなり違っていた。ワッハ上方の移転に代表されるように、注意を喚起《かんき》するためにわざと波風を立てる。全体に網を張ってから物事を進めるのではなく、手当たり次第に始め、注目を集めながら改革を進めていく。

中田は橋下から水道事業について尋ねられたことがあった。

大阪府と大阪市はそれぞれ浄水場を所有していた。そして、どちらの水道事業も赤字だった。二つは距離も近く統合すれば経費削減になる。橋下は中田に電話して、「横浜市と神奈川県でも同じようなものですか」と尋ねた。

「事情はうちも同じ。だけれど、横浜市は自分のところだけで水道事業は成り立つようにしたんですよ」

横浜市の水道事業は二〇〇四年に累積損益を黒字化していた。単年で黒字を出すだけではなく、積み重なっていた借金も返し終わっていたのだ。

黒字化に到るまでには意味のない抵抗があった。例えば、横浜市の一八区それぞれにあった営業所を統合することにした。すると、労働組合が「市民の水が危ない」と反対運動を始めた。一般的に市民が水道局の営業所を訪れることはほとんどない。中田がどうして水が危なくなるのかと尋ねると、市民の利便性を奪うことになるという答えが返ってきた。営業所で夜間の水道料金の支払いを受け付けているというのだ。しかし、今ではほとんどの市民は銀行引き落としを利用している。夜間支払いが必要ならば、コンビニエンスストアで支払えるようにすればずっと便利である。

調査してみると、夜間収受で受け取っている料金は約一億円。これに対して人件費を含めた夜の収受の経費は一億三〇〇〇万円となっていた。一億円を稼ぐために一億三〇〇〇万円を払っていたのだ。中田は夜間収受をやめ、営業所を半分にした。黒字化はこうした経費削減の積み重ねによるものだった。

「横浜市はようやく黒字にしたのに、そこへ県の水道事業の非効率なものを持ち込まれると困るんですよ。県の水道事業を改善してから一緒になるという話でないと」

横浜市は近代水道の発祥の地であり、神奈川県とは別の水源も確保しているんですと付け加えた。中田の言葉に、橋下は「大阪はそのレベルじゃないんですよ」と困りきった声を出した。

「大阪府と大阪市は同じ淀川。浄水場も本当に目と鼻の先なんです」

橋下は浄水場をわざわざ二つ持つ理由が分からないとぼやいた。

二〇〇八年二月、府知事就任直後の橋下は大阪市の平松市長に水道事業の統合を申し入れている。六月、大阪府と大阪市の意見交換会で、大阪府の水道事業を大阪市が継承することでまとまった。

ところが、大阪市に料金決定権が委ねられることに対して、府内の自治体が反対した。これを受け、大阪府側が府内の市町村の水道事業を一体的に運用する一部事務組合方式の水道事業団の設立を主張し始めたことで話し合いは決裂した。

自治体同士の縄張り意識が、非効率な形態を存続させていた――二重行政の一つの表れである。

中田も同様の経験があった。医療、病院の計画、介護の計画は神奈川県が作成するが、実際に実行するのは横浜市である。一方、都市計画などは、横浜市が作成し、神奈川県の承認を得ねばならない。二つの組織が互いに意地を張りがちで、時間、労力、金銭が無駄になっていた。二重行政の弊害は、行政に関わる人間ならば誰もが痛感していることだ。ただ、一般には見えにくく、後回しにされがちな問題でもあった。

神奈川県と横浜市よりも、大阪府と大阪市の二重行政は深刻だった。

その象徴は大阪臨海部の開発である。大阪市は南港《なんこう》にポートタウンを開発し、大阪ワールドトレーディングセンタービルディング（以下、ＷＴＣ）を建設した。一方、大阪府は南大阪湾岸を埋め立てて、りんくうタウンを開発、りんくうゲートタワービルを建設している。ＷＴＣは一九九五年、りんくうゲートタワービルは九六年に完成、競ったかのように二五六メートルと二五六・一メートルの高さである。これは横浜のランドマークタワーに次ぐ、国内二位、三位の高さのビルだった。

バブルという時代を背景に進められたこの二つの再開発は需要を計算していなかった。ポートタウンは立地の悪さに加えて、バブル崩壊後の経済的な不振が直撃し、開発は進まなかった。その中心であるＷＴＣの入居率は開業から三三パーセントに留まっていた。大阪市は、一部の部署、第三セクターや関連会社を入居させたが、二〇〇三年にＷＴＣを運営する第三セクターが事実上倒産状態となる。そこで特定調停を裁判所に申請し、金融機関に債務免除を求めた。二〇〇四年に特定調停が成立し、金融機関は一三七億円の債権放棄を行い、その引き替えとして大阪市が六四五億円もの残債権の損失補塡を約束した。

一方、りんくうゲートタワービルもまた、二〇〇五年四月に運営会社である、大阪府の第三セクター法人のりんくうゲートタワービル株式会社が会社更生法の適用を申請し認められた。共倒れだった。

中田は二〇〇三年頃、ＷＴＣを視察したことがある。横浜市にも同様の地区があったのだ。横浜市の中心部にある「横浜みなとみらい21」の空き地である。

みなとみらい地区は、一八六ヘクタールのうち、七六ヘクタールを埋め立てて造成していた。造成金額から算定した地価は、周辺地価と比較してはるかに割高だった。そのため企業用地区は三割程度しか埋まっていなかった。明らかに計画失敗である。しかし、みなとみらい地区は横浜市中心部という地の利があった。適正な地価であれば企業誘致は可能である。ところが、ＷＴＣは入居者の見込みがないのに先にビルを建ててしまっていた。空き室が目立ち、入居しているのは大阪市の関連会社だけだった。

二〇〇八年八月、橋下がＷＴＣを大阪府庁舎として使いたいと大阪市へ申し入れたという報道を見た時、中田はそうした活用法もあるだろうと思った。

大阪府庁舎は一九二六年竣工の六階建てのモダニズム建築の建物である。老朽化が進み、狭隘《きょうあい》となっていた。また、耐震性にも問題があることが判明していた。庁舎を全面的に建て替えると莫大な資金が必要となる。更生手続きに入っているＷＴＣならば安く買い取ることができた。大阪市にとっても多少の資金回収となるだろう。ビルを庁舎として利用することに加えて、橋下はこの一帯を日本初の経済特区として申請するつもりだった。二〇〇九年三月の府議会で庁舎移転が提案された。しかし、自民党の大阪府議たちが反対し、本会議で庁舎移転に必要な三分の二の賛成を得ることはできなかった。庁舎移転自体に問題があったからではない。橋下の行動を是認《ぜにん》したくないだけの反対だった。議会の決定を待つ間、WTCは新たなテナント募集はできない。提案が否決された直後の二〇〇九年三月二六日に会社更生法の適用を申請し、再度破綻することになった。

このWTCを巡る府庁舎移転問題により、大阪府議会自民党の分裂が起きた。庁舎移転に賛成した六人が「自由民主党・維新の会」と称する新会派を結成したのだ。橋下はこの中心にいた松井一郎と共に、議会での多数派獲得に動き出すことになる。

中田の場合、横浜市長就任当時、彼を支持していたのは、「ヨコハマから日本を変える会」の五人の市会議員だけだった。その後、最大一四人にまで増えるものの、九二人の横浜市会では圧倒的に少数である。反対を唱える議員たちを中田は粘り強く、正論で説き伏せていった。会派を広げる労力と時間を使うのならば、一つでも目の前にある問題を解決すべきだと考えていたのだ。

一方、橋下は違っていた。議論は尽くす、しかし、議論でどうしても決着しないことがある。その時は多数決、権力闘争になる。

「政治は闘いである」というのが橋下の口癖である。二人の現実主義者はまったく違った手法を選んでいた。

第二章

密かな計画

ぼったくりバー

中田宏は二〇〇八年末から再び週刊誌の攻撃に晒《さら》されることになった。

記事はこんな書きだしで始まる。

〈「中田さんとお付き合いしていなければ、こんな人生になっていませんでした。私は彼に人生をメチャクチャにされました。私は彼のことをずっと信じていたのに、結局彼にとって、私は〝遊び〟だったんでしょう」

涙ながらにこう語るのは、神奈川県・横浜市内の高級クラブでホステスとして働いていた奈々さん（30歳・名前はホステスとしての源氏名）だ〉（『週刊現代』二〇〇八年一二月二〇日号）

記事の紹介文ともいえるリードには、中田の〝悪行〟が羅列されていた。

〈●毎日、日中に仕事をサボって電話やメールが●わざわざ自宅まで花束を届けにきたことも●運転手付きの公用車を何十回もデートに使った●高級ホテルに公用車に乗せられ向かったこともある●東京でのデートではほぼ毎回、ビールや焼酎を飲み、彼の飲酒運転で帰ってきた●一番の泥酔は神楽坂《かぐらざか》の高級フレンチ。側近らと4人でワインを3本空けた。その帰り、彼は飲酒運転で高速を時速１００㎞以上で走った●横浜スタジアムのＶＩＰシートで「市長の家族」という身分で何度も野球観戦した。「オレの席だからほしいときは言って」と●東京ドームのホークス戦も身分を偽って一緒に観た●他にも横浜アリーナでのコンサートやイベントに何度も招待された〉

中田は頑なほど生真面目《きまじめ》な所がある。

夜遅く、あるいは早朝、車通りがまったくない道路でも赤信号ならば中田は立ち止まる。じっと信号を見て、青色に変わってから歩き出すのだ。不思議そうに見られていることに気がつくと中田は「昔はぼくも赤信号を無視したこともありましたけど、政治家を志してからは守るようにしているんです」と照れ臭そうな顔で言い訳した。確かに中田は酒を飲む。しかし、アルコールが入って車のハンドルを握ることはない。そして仕事柄、様々な行事の招待を受けることはあったが、先方からの要望があっても家族でさえほとんど連れて行かない。そんな中田に対してひどい内容だった。

しかし——。

この後、〝奈々〟という女性は、市議会議員を伴って、横浜市役所内の記者クラブで記者会見を行った。自分の顔を晒してまで、嘘《うそ》を言うことはないだろう。常人ならばそう考えるものである。また市議会議員を伴って記者クラブで会見をするということで、テレビ、新聞記者が大挙《たいきょ》して駆けつけることになった。

そこでは奈々という女性の言葉が真実かどうかは確認せずに、中田が訴えられたことだけが大きく報じられた。中田という横浜市長は胡散臭《うさんくさ》い——中田は灰色から限りなく黒色に近い印象の男となっていた。

それでも中田は自分が残してきた市長としての実績を見てくれれば分かってくれるはずだと信じていた。

市営バスは年々赤字額を減らし、二〇〇七年には営業損益、経常損益ともに黒字を出した。黒字になるのは二二年ぶりのことだった。地下鉄はその二年後に、営業損益と経常損益が二五年ぶりに黒字に転じる見込みが立った。三万四〇〇〇人超の市役所職員は、二万六〇〇〇人に削減した。中田が市長になり、約一兆円の市債を減らしていた。

横浜市の財政改革に一定の手応えを得た中田は、改革の方向を国へと向けていた。

横浜市は政令指定都市として、神奈川県から、特に社会福祉、都市計画関連の権限が移譲《いじょう》されている。政令指定都市はもともと旧五大都市と呼ばれる大阪市、名古屋市、京都市、横浜市、神戸市を対象としていた。それが都市の発展とともに、人口一〇〇万人という運用基準で他にも当てはめられるようになった。二〇〇五年の静岡市以降、運用基準は人口七〇万人に下げられている。大都市が共通して抱える問題を解決するための権限移譲であった制度は形骸化し、市の「格」のようなものになっていた。

人口三六〇万人を超える横浜市には大企業の本社もあり、税収入一つをとっても他の政令指定都市とはまったく規模が違う。中田は、同様の事情を抱える名古屋市長の松原《まつばら》武久《たけひさ》と大阪市長の平松邦夫に呼びかけて、当該府県から独立して意思決定を迅速にしていく「特別市構想」を進めることにした。中田はこれを「ビッグスリー構想」と呼んだ。

一九一〇年代、東京市を含めた六大都市は、政治的、行政的、財政的分権を求めた特別市運動を起こしたことがあった。しかし、当該府県からの強い反発があり、実現しなかった。戦後成立した政令指定都市は、この特別市との妥協の産物だった。中田はその特別市をもう一度実現しようと考えていたのだ。

橋下徹もまた国に対して怒っていた。

阪神地区には、大阪国際空港、関西国際空港、神戸空港の三つが競合している。「大阪国際」という名前が付いた伊丹空港は兵庫県伊丹市にあり、大阪府にあるのは関西空港だけである。関西空港は一兆円を超える有利子負債を抱え、大阪府は地元負担を強いられてきた。二〇〇八年七月末、橋下は関西空港の使用を促すため、伊丹空港の廃止を提言した。すると福田康夫《ふくだやすお》内閣の国土交通大臣の冬柴鉄三《ふゆしばてつぞう》は「素人の発言」と批判した。

そんな中、大阪府は関西空港の連絡橋道路の国有化事業として七億円の直轄負担金を国から求められた。関西空港の稼働率が伸びないのは、大阪都心部からのアクセスが悪いからだ。その意味では空港への連絡網を整備することは正しい。ただし、整備を進めるのならば、阪神の三空港の過当競争をどのように解決するのかという全体像を見せるべきだった。

「それなしに金を払えというのは無茶苦茶ですよね」と橋下は憤って中田に電話してきた。

「七億円の直轄負担金の支払いを拒否したら、国交省から、高速道路割引は適用できないと言われたんです。嫌がらせですよ」

「江戸の仇《かたき》を長崎で取る、みたいなことを官僚はやるんだよね。だから、自治体の職員はびびってしまう」

中田にも同様の経験があった。

「だいたい、国のやり方というのは、ぼったくりバーみたいなもんですよ。勝手に飲み物を出して、後でべらぼうな請求書を送ってくる」

橋下は電話の向こうで「その通りですね」と大笑いした。その日の夕方のことだ。

橋下は政府の地方分権改革推進委員会に呼ばれていた。委員会で橋下が国交省からの〝請求書〟を手にして、直轄負担金について話す姿がテレビに映っていた。

「新地《しんち》の請求書でも、こんなひどいのはないですよ。こんな〝ぼったくりバー〟みたいな請求書で、普通だったら店は廃業になる。ひどい行政慣行なのに、これに対して文句を言わないのは地方側も悪い。完全に催眠術にかけられているんですよ。地方の職員も、これが当たり前だと思っている。自分の金だったら大騒ぎするはずなのに、税金だから、まあ払っておいたらいいんだろうと考えている」

数時間前に中田が口にした「ぼったくりバー」という言葉を橋下が使っていた。中田は、国交省を表だって「ぼったくりバー」と呼ぶことはさすがに気が引けた。それを橋下は堂々と口にしている。この男は自分とはずいぶん感覚が違っていると含み笑いした。

首長連合

二〇〇九年四月二四日、それまでメールと電話でやり取りをしていた二人は、都内の寿司屋で食事をしながら話をすることになった。橋下から「総選挙のスタンスを相談したい」という連絡があったのだ。総選挙が近づいていていた。

二〇〇九年九月は衆議院議員の任期満了に当たっていた。前年九月、麻生太郎《あそうたろう》が福田康夫から内閣総理大臣を引き継いでいた。当初は就任直後に衆議院を解散すると見られていた。ところがリーマンショックから世界同時不況が始まり、その対応に追われた。また、麻生が「未曽有《みぞう》」を「みぞうゆう」と誤読したことなどが大きく報じられ、支持率は急降下していた。閣僚の不祥事も続き、総選挙となれば勢いを増している民主党に政権を奪われる可能性もあった。そのため解散は先送りされてきた。とはいえ、九月までに解散、総選挙が行われることは確実だった。

橋下は地方を変えるには、首長たちが国政に影響力を持たなければならないと切り出した。二週間ほど前、橋下は宮崎を訪れ、宮崎県知事の東国原英夫《ひがしこくばるひでお》と会っていた。「首長たちが集まって地方分権を訴え、支持政党を表明できないか」と橋下が話を向けると、東国原は「自民党や民主党にくっつかないと政策は実現できない。時期尚早《じきしょうそう》だ」と否定したという。東国原は、橋下の前年の二〇〇七年一月に宮崎県知事に当選していた。東国原は宮崎県知事を辞し、国政に転じる意志があった。自民党と民主党、より良い条件を出す側を選ぶことを考えていたのか、橋下の提案には乗り気ではなかった。

橋下は極秘に東京都知事の石原慎太郎《いしはらしんたろう》に会い、同じ問いをしていた。石原は「俺は表には出ない。バックアップならばやる」とこちらも積極的ではなかった。そこで、中田の意見を聞くために会いに来たのだった。

「地方分権という意味で見ると、民主党の主張の方がましですよね」

橋下の言葉に「まあ、そうだね」と中田は返した。話をしているうちに、橋下は背中を押して欲しいのかもしれないと感じた。

大阪府知事になる際、橋下は自民党と公明党からの推薦を受けている。「ぼったくりバー」が話題となった地方分権改革推進委員会出席のため上京した際、橋下は自民党の与謝野馨《よさのかおる》、同党選挙対策委員長の古賀誠《こがまこと》などと会っている。自民党は橋下の知名度を総選挙に利用するため丁重に迎えていた。しかし、自民党の多くの議員は、心の底では橋下の求める地方分権に反対である。地方の道路や橋は、中央官庁から予算を獲得して建設する。自民党は、中央官庁に圧力をかけて、予算を獲《と》ってきた。地域住民の陳情を手引きし、その対価として票を獲得してきたのが自民党の代議士である。橋下と合うはずがない。

これまでは橋下なりに、自民党に気を遣《つか》いながらやってきた。しかし、本当に大阪を変えようとすると良好な関係を続けることは不可能である。自民党との決別、脱皮のきっかけとして次の総選挙を考えているのかもしれなかった。橋下はこうも言った。

「ぼくは人脈がないから、中田さんのようなプロが関わってくれないと」

大阪維新の会は大阪の府議会議員、市議会議員が中心である。国政まで睨《にら》んで忌憚《きたん》なく相談できる人材を欲していた。

五月一八日に行われた全国知事会で、橋下は、知事会で団結し、国政への影響力を持つべきだと主張した。知事会がマニフェストを検討した上で支持政党を決めると態度表明すれば、自民党と民主党は競って地方分権の案を出してくるだろうというのが橋下の考えだった。

しかしこれに対して、「自信過剰だ」と反対の声が挙がった。ほとんどの知事は自公もしくは民主から支持を受けている。あるいは相乗りである。選挙で恩義を感じている彼らが支持母体を裏切ることになるような案に乗れるはずはなかった。

そんな橋下に中田は声を掛けた。

「知事会が反対したのは当然でしょう。どう考えても、島根県や鳥取県と大阪府の事情は違う。ぼくの所属している指定都市市長会でも横浜市と新潟市や北九州市では主張は違ってきます。こういう既存の枠組みで歩調を合わせるのは難しい。どうしても角が取れた、まるっこい意見になってしまいます。それでは何の迫力にもなりませんよね」

そして中田は、松山市長の中村時広《なかむらときひろ》、杉並区長の山田宏《やまだひろし》を引き合わせることにした。府知事の橋下、政令指定都市市長の中田、一般市市長の中村、特別区区長の山田、みな立場の違う首長である。それぞれは全国知事会や指定都市市長会という横の組織に属しているが、縦の連携はなかった。中田はこれを「縦串連合」と呼んだ。

六月一七日、中田と橋下は産経新聞の企画で対談している。六月二二日付の紙面では一面を割《さ》き、**【官僚組織】【世襲問題】【地方分権】【選挙への関与】**の四項目に分けて二人のやり取りを書いている。

その後の二人の行動を示しているので長めに引用する。

橋下は〈今の議院内閣制は明治憲法以来の官僚が作り上げた官僚内閣制〉であるという前提で、公務員組織の改革を訴えている。

〈**中田氏**　横浜市の場合、基本的には10年、市職員の配置転換がなかった。40代、50代が集まる楽な職場が出てきて、係長がまったく機能しなくなった。今は3年ぐらいで異動させている。

橋下氏　重要なのは緊張感。責任を追及されず、定年まで仕事があり、退職金をもらえるなら、ここまでやらない。選挙で審判を受けるから必死になる。給与も、人事院勧告に従っているが、あんなばかげた勧告なんて、「絶対信用できん」と。公務員には身分保障というスーパーアドバンテージ（有利な点）があるが、この部分が全然考慮されていない。

中田氏　自由に降格だってできない。刑事事件でも起こした場合は懲戒処分の対象になるが、目標を果たせなかったという能力的な問題に対して降格をしたら、裁判になる。

橋下氏　おかしい。

中田氏　ぼくが市長になる前までは、課長以上については一応、人事評価があり、昇任の参考にはなったが、給与的な差はつかなかった。今は査定によって100万円の差がつくようになった。

橋下氏　それ、参考にさせてください。横浜方式を勉強します〉

【地方分権】の項目では、道州制の導入を論じている。

〈**橋下氏**　1億何千万人もいるこの国でどの地方もカラーが一色っていうのはおかしいんですよ。

中田氏　橋下さんの感覚は百パーセント合っている。道州制の議論で客観的な条件が昔とは違うことも意識すべきだと思う。廃藩置県、明治の大合併、平成の大合併という区切りで考えると、通信や交通の手段、速度がまるで違う。その時代と今の行政のあり方は当然違うわけでね。

橋下氏　地方分権の議論は「自分たちに権限と財源をくれ」という権限争いに見えちゃうところがある。でも、地方分権というのは霞が関のシステムを変える、その象徴なんですよ〉

そして、地方を変えるには、中央を変えなければならない。中央に影響力を持たなければならないという話となった。

〈**橋下氏**　地方分権については、こないだも全国知事会や近畿ブロック知事会で「やり方を変えよう」という話をした。政治って結局、力なんですよね。知事会は文章をまとめることがすべてになっている。それじゃ何も進まない。紙じゃなくて力だ。物を言うには、必要なのは政治パワー。国民からしたら地方分権なんて言っても、地方（自治体）も霞が関も同じ。「目くそ鼻くそを笑う」だ。地方自治体は、国民から後押しを受けるような行動を起こさなくてはいけない。

中田氏　さすが、その通り。知事会などには霞が関から来ている人がいっぱいいる。知事会などは既存の枠組みの中でしか意見を言えない仕組みだから、既存ではない構造を求めるのならば、既存ではない声の出し方をしなければならない。

橋下氏　行政と政治の仕組みを変えるのは力しかないと思っている。ぼくらは、国民からの後押しを受けていくしかない。国会議員の先生が何を一番恐れるかといえば、選挙じゃないですか。だから、地方自治体の首長は選挙にちゃんと影響力をもてるようなポジションに就かなければ、国に何をいっても聞いてもらえないと思う。一人だったらぼくもかなわないけど、何とか自治体の長で集まって、右か左か決めて、党議拘束をかければ。政党の力というのは、党議拘束をかけたパーティーの力で、ぼくらもパーティーで党議拘束をかければ、政治パワーを持てると思う。

中田氏　われわれが今までの構造ではない新たな枠組みや運動論を作らなければいけない。それを誰が、どこから始めるかということだと思う〉

地方自治体の首長は中央に対して影響力を持たなければならない――。

今までにない新たな枠組みや運動論が必要である――。

この記事は中田と橋下の意思表示だった。産経新聞が出た二日後の二四日、橋下は記者会見を開いた。首長たちが集まり、地方分権に絞って政党の政策を評価すると発表し、橋下はこの集団を「首長連合」と呼んだ。橋下にはこうした人の耳に馴染《なじ》みやすい言葉選びの才能があった。

七月一三日、静岡県知事選挙、東京都議会選挙での自民党候補者の敗戦後、麻生は七月二一日の衆議院解散に追い込まれた。首長連合は、地方分権の分野において民主党のマニフェストが優れているという声明を発表している。国政の大きな流れの中で、橋下は上手く自民党と距離を置いた形となった。

そんな中、中田はある計画を密かに進めていた。

辞任の理由

いつ、どのような形で市長を辞めるか――。

横浜市長に再選して以来、中田はずっと頭を悩ませていた。二〇〇二年に中田が横浜市長に当選した際、二期八年で財政改革を成し遂げるというのが公約だった。その公約通り、財政は好転していた。週刊誌の醜聞《しゅうぶん》はあったものの中田が三選目に出馬すれば当選の確率は高い。それにもかかわらず二期で公約通り辞めるのか――関係者も中田の意図を読みかねていた。

中田は二期で辞めることをはっきりと決めていた。ただ、三選出馬の可能性を匂わせていたのも事実である。二期で辞めると表明すれば、中田がいなくなるのを待ち続け、職務を怠《なま》ける市職員も出てくる。二期を全うするには、三期を続けると周囲に思わせなければならなかった。

重要なのは辞任表明の時期だった。中田の存在を快く思わない市議会議員たちが、中田の後継者を巡って動いているのが耳に入っていた。自民党と民主党などが手を組み、再び相乗り候補を立てる可能性が濃厚だった。また、市長選挙だけを単独に行えば、これまでと同様に投票率は三〇パーセント程度と低迷する。投票率が低ければ、支持基盤を持つ相乗り候補が勝つだろう。そうなれば、せっかく中田が心血を注いだ改革は元に戻される。

自民党と民主党が協力関係をとれない時期に選挙を行わなくてはならなかった。中田の任期が満了する二〇一〇年三月までに一つだけ、その条件に叶《かな》う時期があった。

衆議院総選挙である。鳩山由紀夫《はとやまゆきお》代表の民主党は政権交代に向けて勢いを増していた。衆議院総選挙と同日選挙になれば、つばぜり合いをしている自民党、民主党が横浜市長選挙だけ相乗り候補を立てる可能性は低い。同日選挙となるぎりぎりの時点で辞任表明する。選挙まで時間が短ければ、両党での調整の時間がないため相乗り選挙の可能性はさらに減る。

中田は親しい地方議員を呼んで絶対に口外しないことを約束させ、市長を辞めることを伝えた。そして、ある政令指定都市の選挙管理委員会に以下のことを尋ねて欲しいと頼んだ。

――市議会議員が辞表を出した場合、自然受理されるのか、あるいは受け取り拒否される可能性があるのか。また、その補欠選挙が衆議院総選挙と同じ日になるには、何日前までに辞表を提出しなければならないのか。

市議会議員と市長は同じ手続きで選挙が行われる。それでも横浜市の選管に尋ねれば、辞任の意志があるのではないかと忖度《そんたく》される可能性があった。そのため別の政令指定都市の選管に詳細を尋ね、辞任表明の日程を決めたのだ。

七月二一日、河野洋平《こうのようへい》衆議院議長が解散を宣言した。中田は国会議員時代に二度、解散を経験している。議員たちはこれから選挙区に戻り、本格的に選挙準備を始めることになるのだと、市長室のテレビで万歳三唱の声が鳴り響くのをぼんやりと聴いていた。これで辞任を表明する日もはっきりと決まった。正直なところ、辞任の決意が揺らいだこともある。任期途中での退任は無責任だと批判されるかもしれない。最後の日まで市長職を務めて、花束を渡されて職員から拍手を受けて、市役所を後にした方がずっと印象がいいだろう。しかし、それでは駄目なのだ。中田は自分を奮い立たせた。そして二七日、中田は辞任を表明した。

中田の辞任はまさに不意打ちだった。それまで「中田辞めろ」と連呼して横浜市役所の周りを回っていた街宣車が対応に困ったのか、「中田逃げ出すな」と突然言い換えたことに中田は失笑した。

労働組合は〈見事、中田を打倒した〉〈遂に労働者の力で打倒した〉という大きく書いたチラシを配った。そこには労働組合が憤《いきどお》っている、中田が行った改革が羅列されていた。その中の一つに〈市立保育園の民営化や民間売却〉と書かれていた。

横浜市の公立保育園のほとんどは夕方六時に子どもを引き取らなくてはならなかった。とうてい、都心で働いている親は利用できない。どんな人間が利用しているのだと調べてみると、ある保育園に至っては保護者の八割が、横浜市職員、神奈川県職員、国家公務員――五時にきちんと仕事が終わる公務員だった。公務員のための保育園だったのだ。中田は保育園が老朽化して建て替えの必要が生じると、民営化した。民営化した保育園は、サービス改善を図り子どもの引き取り時間を大幅に延ばした。当然、評判は良くなる。労働組合には、中田の改革はいちいち気に障《さわ》っていたのだ。

辞職願を提出した二八日の午後の辞任記者会見で、中田はずっと二期で辞めるつもりだったと話した。その場合、通常は一二月もしくは年明け一月の議会で正式に不出馬の表明をすることになる。任期満了まで務めると、予算の年度途中で市長が交代することになる。市長退任まで、仮の予算案を作って、新しい市長となってから正式な予算編成をするのは無駄である。「レームダック」を作らないために、この時期に辞任表明したと説明した。

レームダックとは直訳すれば、「足の悪いアヒル」、政界では「役に立たない政治家」を意味する。前日、サラ・ペイリンがアメリカのアラスカ州知事を辞職していた。ペイリンは前年の二〇〇八年大統領選挙の共和党候補ジョン・マケインから副大統領候補の指名を受けた女性だった。ペイリンもまた、辞任の理由としてレームダックを避けるためと語っていた。中田はペイリンの例を出して、任期を残しての辞任は異例ではなく、政治家の一つの判断であると強調した。

そして、横浜市長選挙を単独でやると一一億円の市費を使うことになる。衆議院選挙と同時にやれば、国費が優先され一億円程度で選挙が可能になる。一〇億円の節約になるとも付け加えた。

辞任翌日の朝日新聞は、〈「投げ出し」見えぬ真意、「政治に専念」「同日選、10億円浮く」中田・横浜市長辞職〉という見出しを掲げて記者会見を報じた。記事は全般的に批判的である。〈今回の辞職をめぐっては任期途中での「投げ出し」との批判がある。退職願を受け取った際、川口正寿《かわぐちまさとし》議長は中田氏に「辞めるにしても今の時期は中途半端。任期いっぱい仕事するのがいい。市民が裏切られたと感じる」と伝えたという。こうした声について中田氏は「予算編成のためにも9月から新市長の仕事をスタートさせることが、横浜市にとって絶好のタイミングになると判断した」と反論した〉

この記事は中田が腐心《ふしん》した、相乗り候補を阻止するという意図には触れていない。なぜならば、中田が記者会見でまったく語らなかったからだ。

相乗り候補を立てさせないためにこの時期に辞任すると話してしまうと、彼らを刺激することになる。国政選挙で自民と民主がぶつかっていたとしても、中田憎しという一点で横浜市だけでは両党が手を結ぶ可能性は零《ゼロ》ではない。自分は静かに去っていけばいい。日頃、政治を取材している記者ならば、自分の考えを理解し、解説してくれるかもしれない。手品をやっている最中に種明かしをしてはならないのだ。中田は肚《はら》を決めていた。

肝心なことを話していないことは、人に伝わるものである。辞任の理由は他にあるのではないかと勘ぐられ、その原因は週刊誌の報道だと誤解された。

〈また、中田氏の周辺では女性を巡る問題が続いた。元ホステスの女性との関係や週刊誌の記事を巡り、横浜、東京の両地裁で2件の裁判を抱え、現在も係争中だ。横浜地裁では、横浜市内の元ホステスの女性が昨年12月、慰謝料3千万円を求めて中田氏を提訴。女性は「結婚が前提と信じさせられ、約2年間にわたり関係を続けさせられた」としている。

会見では訴訟に関する質問も出た。中田氏は苦笑いを浮かべ「事実無根ですからね。裁判の結果を最後まで報道して下さい」と自信を見せた〉

記事は「開国博Y150」（以下Y博）の失敗にも触れている。

〈横浜市は今年、横浜開港150年の節目の年を迎えた。150周年記念事業が一段落したことを中田氏は辞職の理由の一つに挙げたが、中核事業である「開国博Y150」の有料入場者は現在約63万人。市が想定した500万人には届きそうにない。

横浜開港150周年協会関係者によると、中田氏は24日、大手広告会社社長を訪ね、集客の協力を依頼していた。その4日後の辞職表明だけに「いったい、どうなっているんだ」との声が出たという。

市幹部によると、局長会で2万6千人の職員が開国博のチケットを1人2枚、計5万2千枚買うことを申し合わせたが、購入されたのは約1万枚。ある幹部は「市職員の心が市長から離れている証しだ」と語った〉

横浜開港一五〇周年事業の一つである、Y博は二〇〇九年四月二八日に始まった。一〇〇周年となる一九五九年には、横浜マリンタワーが計画された。このマリンタワーは赤字施設だった。一五〇周年記念には後世に赤字を押しつけるような、塔や建物を造ることだけはやめようと中田は決めていた。

一〇〇周年からの四十数年間で横浜市は爆発的な人口増を経ている。横浜市をもっと知ってもらうための学びの場としたい。とはいえ、政治的中立性を問われる自治体はこうしたイベントなどのソフト制作を最も苦手としている。人が喜ぶものは、どこか突き抜けたものがないといけない。中立にすれば面白みは消えてしまう。そこで民間の人間を入れた「横浜開港150周年協会」という財団法人を立ち上げ、運営を任せることにした。この財団法人が三つの広告代理店にイベントの運営を依頼した。運営資金として、企業からの協賛金三〇億円を集め、横浜市は八二億円の補助金を出した。市の出費は二〇〇三年度から収支の黒字分から積み立て、運用収益を加えて賄った。企業からの協賛金も予定通り集まり、五〇〇万人の有料入場者が入れば、収支は成り立つはずだった。

その有料入場者が約一二四万人と伸び悩んだ。総来場者こそ七四八万人超だったが、ほとんどの客が無料エリアで留まっていたのだ。当初の計画では無料エリアは設置しない方針だった。ところが大さん橋と赤レンガ会場で別のイベントが予定されていたため、無料エリアを設けざるを得なくなった。この結果、最大の目玉であったフランスから運ばれた蜘蛛《くも》のロボットを無料エリアからのぞき見ることができてしまった。さらに新型インフルエンザの流行により、人々が外出を控えたことも集客に影響した。結果、約二五億円の赤字となったのだ。

これまで中田を攻めあぐねていた人たちはY博を格好の攻撃対象とした。

中田はY博の失敗から逃げた――。

そもそも運営は財団法人に委託し、中田は一切携わっていない。失敗の原因となった無料エリアの設置についても、ずっと後になって人から教えられた程度だった。横浜市長選挙を衆議院総選挙と同日に行うことによって一〇億円の削減となることはそれほど広まらず、Y博の失敗のみが大きく報じられたことは皮肉だった。

二〇〇九年八月三〇日に行われた衆議院総選挙で、民主党は小選挙区と比例区を合わせて三〇八議席を獲得した。一九八六年の衆議院、参議院の同日選挙で自民党が得た三〇〇議席を上回り、単独政党としては過去最高の獲得議席数となった。一方、自民党は一八一議席を減らし、一一九議席に留まった。海部俊樹《かいふとしき》、総務会長の笹川堯《ささがわたかし》、前財務大臣の中川昭一《なかがわしょういち》、元外務大臣の中山太郎《なかやまたろう》など、首相、大臣経験者が落選。歴史的大敗だった。

横浜市長選挙では、民主党推薦、国民新党支持の林文子《はやしふみこ》が、自民党と公明党の推薦を受けた中《なか》西健治《にしけんじ》を破って当選した。衆議院と同日選挙ということで、市長選挙の投票率は六八・七六パーセントにもなった。中田の目論見通り、高投票率となりオール与党状態を阻止することに成功した。

ただし――。

市長職を投げ出したという印象はこれから長く中田を苦しめることになる。

第三章

落選すると人がよく見える

日本新党

何か決断をする時、あの人ならばどうするだろうと、顔が浮かんでくる人間が一人はいるものだ。中田宏にとっては山田宏がそうした男だった。

山田は一九五八年、東京に生まれている。京都大学を卒業後、松下政経塾に二期生として入塾した。八五年七月、東京都議選に立候補し当選。二七歳の時だった。八三年に松下政経塾一期生の小野晋也《おのしんや》が愛媛県議選に当選している。これは自民党県議の後援会を引き継いだものだった。まったくの新人という意味で言えば、山田は松下政経塾が生み出した初めての政治家だった。

無名の新人だった山田は選挙で工夫を凝らした。まずは他候補者と区別をつけやすくしようと、赤いラグビージャージを着て街頭演説に立った。山田は、都立国立《くにたち》高校、京都大学とラグビー部に所属していたのだ。近況報告は〈タックル・レポート〉としてラグビーと結びつけ、政経塾の塾生たちは揃いのラグビージャージを着てビラを配った。顔など分からなくてもいい、ラグビー部出身の若い奴として記憶に残ってくれればいいと思ったのだ。ビラには挿絵などを入れて分かりやすく工夫した。男子塾生たちは、自転車にメガホンを持って山田の名前を連呼して走り回った。彼らは、街宣車に乗るウグイス嬢に対して、〝カラス〟と呼ばれた。この山田の手法は松下政経塾出身者が選挙に出馬した際の原型となる。この二年後の八七年、三期生の松沢成文《まつざわしげふみ》が神奈川県議選に出馬している。慶應高校時代にラグビー部だった松沢は、山田の選挙戦術を踏襲《とうしゅう》し、当選した。

山田にとって二期目、八九年の都議選を中田は手伝っている。選挙に携わるのは中田にとって初めてのことだった。山田は演説の名手だと聞いていた。噂《うわさ》通り、山田は自分の考えを人に伝わるように話すのが巧みだった。中田は自転車に乗り「山田宏を宜しくお願いします」と声を張り上げて回った。環状七号線の地下道を自転車で走ると、横をものすごい速度の車が身体ぎりぎりで通過し、生きた心地ではなかったことが中田の記憶に残っている。

山田は二期目当選後は国政進出を念頭に置き、政経塾出身者を集めた新党を模索し、九一年に「東京政経塾」を立ち上げた。東京政経塾では、小沢一郎など六人の政治家に話を聞いた冊子を作成している。その中に、細川護熙がいた。

九二年二月に細川は東京政経塾を訪れ、山田に新党結成を持ち掛けた。とはいえ、この段階では本当に新党に繋《つな》がるのかどうか、山田も半信半疑だった。自民党の都議会議員だった山田は細川と行動を共にすることはできない。そのため、気心の知れた長浜博行《ながはまひろゆき》と中田を乃木坂《のぎざか》にあった細川の事務所に出入りさせることにした。

長浜は山田と同じ一九五八年生まれである。政経塾入塾も同じ二期生だった。周りを巻き込み先頭を切って進んでいく山田に対して、穏やかな長浜は人を和ませる力があった。そもそも長浜は政治家志望ではなかった。政経塾を受けたのも、最終面接まで行けば松下幸之助《まつしたこうのすけ》に会えるかもしれないという軽い気持ちだった。長浜は政経塾を出た後、商社勤務を経て、家業の鉄鋼業を手伝っていた。将来は家業を継ぎ、政経塾の仲間を支えるつもりだった。

九二年五月に旗揚げした日本新党は、同年七月の参議院選挙で四議席を獲《と》り、一躍注目を集めるようになった。翌年の衆議院総選挙に向けて、候補者が必要だった。細川の公設第一秘書となっていた長浜も選挙に押し出されることになった。山田と長浜の他、政経塾からは千葉県議会議員だった一期生の野田佳彦、京都府会議員だった八期生の前原誠司《まえはらせいじ》、そして中田が立候補することになった。

この衆議院総選挙で日本新党は三五議席を獲得した。野田、山田、長浜、前原、そして中田も当選した。この中で山田は初当選にもかかわらず、党の役職を与えられることになった。日本新党は党首の細川こそ参議院議員経験があったものの、全員が衆議院初当選だった。そこで都議会議員の経験がある山田は頼りにされていたのだ。

自民党は過半数を獲得できなかったものの、依然として最大勢力を保っていた。他党と連立を組めば政権を維持することは可能だった。しかし、新生党の小沢代表幹事は連立を阻止し、自民党以外の連携を呼びかけた。

九三年七月一八日の衆議院総選挙から約三週間後の八月九日、社会党、新生党、公明党、日本新党、新党さきがけなど七党一会派が集まり、細川を首班とする連立政権が誕生した。四〇年以上続いてきた自民党政権はこの時点でいったん終わることになった。

この連立は〝非自民政権〟を実現するのが目的であり、内実はばらばらだった。日本新党の中でも、あっという間に結束が崩れていった。それまで、「細川さんがすべてです」と追従していた人間が、当選してしばらくすると態度を変えた。国会議員になり、周囲から「先生」と呼ばれると、人間が変わってしまうのだ。

細川が佐川急便の佐川清《さがわきよし》元会長から一億円を借りていたことが報じられると、そうした議員たちが声を上げ始めた。

「私は一国会議員として、細川さんに言わせてもらう」

日本新党は「政治改革」を掲げた新党だった。この時点では政治改革の中身ははっきりと提示されていない。ただ、バブル経済が崩壊し、長期にわたる自民党政権の制度疲労が顕在化しつつあった。田中角栄以来、日本にはびこる金権政治に人々は嫌気をさし始めていた。

その直近の事件が、自民党崩壊のきっかけとなった東京佐川急便事件である。九二年八月、東京佐川の社長だった渡辺広康《わたなべひろやす》が自民党の金丸信副総裁に五億円を渡したという供述をしていた。金丸は受領の事実を認め、副総裁を辞任していた。ただ、これは氷山の一角であり、評論家の立花隆《たちばなたかし》は渡辺が政界に流した金は数百億円と予想している。その佐川の金が政治改革を掲げた細川に渡っていたと攻撃されていた。事情をきちんとみれば分かるようにこれは借りていただけである。金丸とは全く事情が違う。それでも佐川と関わっただけで罪となるような空気を野党となった自民党は醸造していた。もちろん、自分たちの過去は棚に上げて、である。

また、日本新党の場合、細川がすべてを決める組織になっていたため、彼の側近が国会議員よりも力を持つようになっていたことも問題だった。一人の求心力ある人間が多数の人間を引きつければ、爆発的な力を生み出すこともある。しかし、組織されていない集団は崩れるのも早かった。少なくない議員が、国会議員になったことで満足し、結党の時の思いを忘れてしまったかのようだった。細川は九四年四月八日、突如辞意を表明した。首相在任期間はわずか八カ月だった。九四年一二月、日本新党は解党し、小沢一郎が率いていた新生党、公明党、民社党などと合併し、新進党となった。山田にとって新進党は居心地が悪かった思い出しかない。周囲が熱心に話をするのは、小沢を支持するのか、しないのか、ということばかりだった。

そして小選挙区比例代表並立制となって初めての九六年衆議院総選挙で山田は東京八区から出馬し、自民党公認の石原伸晃《いしはらのぶてる》に敗れた。山田の他、長浜、野田も落選した。新党に吹いていた風はすっかり消えていた。当選したのは中田だけだった。

ニッポン創新

山田が落選した一九九六年の総選挙で国会議員二期目となった中田は、委員会の理事を任されるようになった。国会の仕事は想像以上に時間をとられた。同じ新人議員だったにもかかわらず、改めて山田たちに頼りきっていたことを反省した。

衆議院総選挙後、新進党から羽田、細川が離れた。残った小沢は自民党との連立を模索したが、党内の反発にあった。九七年一二月、小沢は新進党を分党し、翌九八年一月に「自由党」を結党した。細川は「フロム・ファイブ」という党を立ち上げており、新進党は六つの党に分かれることになった。そんな中、中田は党派に属さない無所属を選んだ。

九八年一月、フロム・ファイブ、羽田孜の「太陽党」、鹿野道彦《しかのみちひこ》や岡田克也《おかだかつや》の「国民の声」が合流して、「民政党」となった。そして同年四月、旧新党さきがけや一部の社民党議員による「民主党」と合流し、「新・民主党」となった。菅直人《かんなおと》代表のこの新・民主党は、一三〇人の国会議員を抱える野党第一党となった。しかし、中田はこれにも加わっていない。

中田は新進党のごたごたを見ながら、政党とは何だろうかと考えるようになっていた。辞書には、〈共通の原理、政策のため、政権の獲得あるいはそれへの参与を意図する団体〉と書かれている。しかし、この日本に共通の原理、政策のために行動している政党がいるのだろうか。辞書の定義を満たしているのは共産党ぐらいだろう。民主党は新進党以上に寄せ集めで、まったく魅力を感じなかったのだ。

中田の心の支えとなったのは、山田たちとの勉強会だった。ニュージーランド政府が毎年一人の若手国会議員を自国に招待するという制度があった。中田は自分一人だけだともったいない、山田と長浜も一緒に行くことはできないかとニュージーランド大使館に掛け合って、話を通した。財政改革に成功していたニュージーランドでは財政担当者、元財務大臣、元首相との会見が準備されていた。こうした相手と対等に渡り合えるのは、やはり山田だった。

九八年六月頃から、山田は新党結成に向けて動き出した。中田、長浜、野田の他、中村時広、自由党の河村《かわむら》たかしなどにも声を掛けた。中村と河村も日本新党で初当選した時の仲間だった。二人とも新進党として二期目の選挙に挑み、中村は落選、河村は当選していた。

「志士《しし》の会《かい》」と名付けられたこの会は、勉強会を重ね、「21世紀日本プライド構想」という小冊子を作っている。中には、首相公選制、地域主権、税財政改革、独占分野を開放する行政改革、憲法九条改正を含む外交・安全保障など一一項目が書かれていた。

しかし、山田の希望に反して、志士の会は新党へと発展しなかった。次の衆議院総選挙に向けて、野田と長浜が民主党から出馬することになったからだ。山田は新党を諦め、九九年の杉並区長選挙、中村は松山市長選挙にそれぞれ出馬し、当選した。野田と長浜は二〇〇〇年衆議院総選挙で国政に戻った。

杉並区の改革で知られることになった山田に対して、横浜市長となった中田は、しばしば意見を求めるようになった。二〇〇八年二月から二人は再び勉強会を始めている。地方議員など一〇人ほどの人間が月に一度、日曜日の午前中に集まることになった。二〇〇九年総選挙で話題となった首長連合は、この勉強会——「日本よい国構想研究会」に参加していた首長たちに橋下が加わったものだった。

山田がはっきりと新党を立ち上げる決心をしたのは、二〇〇八年末に一律一人一万二〇〇〇円を配る定額給付金を麻生太郎内閣が発表したからだ。これは翌年の総選挙に向けての政策だった。財政的に破綻しているにもかかわらず、政府が金をばらまく――こんな場当たり的な政策を続けていれば日本は早晩崩壊する、と山田はいてもたってもいられなくなった。その後、民主党が政権を獲ると、子ども手当、高校無償化、農家の戸別所得補償など、こちらも財源を考えずに口当たりのいい政策ばかりを打ち出した。山田は区民に協力を求め、財政再建を成し遂げた。改革とは短期的な痛みを伴う。しかし、長期的には利益があることだと理解してもらった。自民党や民主党の政策は真逆である。票を期待して手を差し伸べることばかりだった。

日本よい国構想研究会では、二〇〇九年二月に、山田を中心として『「日本よい国」構想――豊かで、楽しく、力強い日本を！』を上梓した。翌三月に『よい国つくろう！日本志民会議』という政治団体を立ち上げた。この志民会議を母体として、二〇一〇年四月一八日、山田を党首、横浜市長を辞めた中田を代表幹事とした「日本創新党」を結党した。

山田は記者会見で、「この夏に行われる参議院選挙で、選挙区、比例代表を合わせて一〇人以上の候補を擁立する」と語った。その候補者の一人が中田だった。

彼らの思想の根底にあるのは、自助と自立という考えである。

例えば所得税と法人税は国際水準まで引き下げる。一時的に税収は減るかもしれないが、企業の国際的競争力が上がれば、長い目では増収となる。また累進課税制度も見直す。法人税や所得税が高ければ、高収入の企業、高所得の人間は国外に出て行ってしまう。その結果として低所得者を支えるセーフティネットが機能しなくなる。

『「日本よい国」構想——豊かで、楽しく、力強い日本を！』を読めば、一つ一つの項目について、資料を集めて実現性を検討した上で書き上げたことは分かる。ただ、それが広く伝わるかどうか、だった。

逆風

二〇一〇年六月。

「ふざけるな」

中田宏の妻、詠子《えいこ》が怒鳴り声の方向を見ると、杖を振りかざした男がこちらに向かって来ていた。ボランティアの男性が慌てて詠子の前に飛び出て、男の身体を抱きかかえた。詠子が横浜郊外の駅に立ち、「参議院選に立候補した中田宏の家内です」と挨拶をした途端のことだった。

「横浜市長を投げ出しやがって、恥知らずな奴だ」「あの愛人はどうなったんだ」と叫ぶ男を周りの人は遠巻きに見ていた。

「ここで演説するのはやめましょうか」

別のボランティア男性が詠子に囁《ささや》いた。

「みんなが集まって下さっているのにやめられない」

「奥さんに万が一のことがあったら困りますので……」

詠子は首を強く振った。

「ここでやめたら、あの男の人の言っていることが正しいことになってしまうから」

普段のおとなしい様子と違う強い口調に、「では、続けましょう」と返すしかなかった。

詠子は気を取り直して話し始めると、先ほどの男が「ふざけるな、お前」と大声で怒鳴っていた。

これまでの選挙とまったく違う——中田に対する逆風は覚悟していたが、予想以上だった。

詠子が中田宏と知り合ったのは、一九九二年五月のことだ。熊本出身の詠子は上京して、出版社で子ども向けの書籍編集に携わっていた。そこで、立ち上がったばかりの日本新党で働かないかと声を掛けられた。亡父が細川と付き合いがあったのだ。二人は衆議院総選挙準備の慌ただしさの中で急速に親しくなり、この年の一一月に入籍した。しかし、新婚らしい生活はほとんどなかった。翌九三年衆議院総選挙に中田が出馬することになったのだ。

「中田の家内です。宜しくお願いします」

頭を下げながら、「中田の家内です」という言葉に詠子は実感が持てずにいた。ほとんど交際期間もないまま結婚し、お互いのことを十分に知っているとも言えない。それでも、周囲からは中田の妻と見られており、候補者の妻として振る舞わなくてはならなかった。詠子は中田とは別行動で、運動員に連れられるまま商店街など様々な場所に挨拶して回った。

「これは誰？」

「へぇ～、そんな人が出ているんだね」

人々の戸惑う表情から、中田がまったく無名で、突然出馬したことを改めて感じた。

事務所の朝礼で挨拶させてもらうこともあった。原稿もなく、何を話していいのかも分からなかった。とにかく「中田宏をお願いします」と頭を下げるしかなかった。選挙戦の最終日は昼過ぎから雨が降り出した。ずぶ濡れになりながら、お願いしますと声を張り上げた。

その後、子どもが生まれたこともあり、選挙期間を除いて中田の政治活動には関わっていない。後援会、冠婚葬祭など、ある会合には妻が顔を出して、別の会合には出さないことは不公平だと思われる。政治家の妻というのは、すべてに関わるか、一切関わらないか、中間はないというのが中田の考えだった。

これまで中田の五度の選挙で当選が堅いと見られていたのは、二期目の市長選だけである。それ以外の選挙では危ないと言われながらも、開票してみれば勝っていた。そのため自分が演説に立つまでは今回も何とかなるだろうと詠子は楽観的だった。

もっとも今回の選挙がいつもと違うことも覚悟していた。選挙戦に入る前、秘書から中田の持ち物についてこう指示されていた。

「石とか卵、水とかをぶっかけられるかもしれないので、着替えを用意してもらえますか?」

市長退任後も中田に対する攻撃は続いていた。

特にY博についてては、横浜市から中田に賠償請求を求めるべきだという動きもあった。Y博赤字の責任が本当に中田にあるかどうかを別にして、個々のイベントの損失が首長の責任のはずもない。五輪招致に失敗したから、都知事に招致活動費用を請求せよというようなものだ。こんな馬鹿げたことがまかり通るならば、誰も首長になれない。しかし中田が市長を去った後、横浜ではこうした報道ばかり流れており、印象は悪くなるばかりだった。

国会議員が一人もおらず政党要件を満たしていない日本創新党は、党首討論などに呼ばれない。知名度が必要とされる参議院選挙比例区では特に不利だった。

自分でもできることはやろうと、詠子は地元の横浜市で演説することにしたのだ。一人で演説をしたことはなかった。ただ、少しでも中田の力になりたいと思ったのだ。

恨み

演説は中止した方がいいのではないかと周囲は詠子の顔を窺《うかが》った。詠子もどうしていいのか分からなかった。すると一人の紳士がすっと近づいて来た。先ほどから詠子たちのことを心配そうな顔で見ていた男だった。

「あなた、やめたくないんでしょ？」

「はい、やめたくありません」

怖くないと言ったら嘘《うそ》になる。しかし、ここで引き下がれば、相手の思い通りになってしまう。

「分かった」

紳士は頷《うなず》くと、「あそこを見て」と指をさした。

「交番があるよね。ぼくが交番の横であなたたちのことを見ている。あいつがまた何かしてきたら、ぼくが交番に飛び込んで助けを求めるから」

詠子は男の姿を視界の端に入れて、再び話を始めた。しばらくするとやはり先ほどの男が杖を振り回して迫ってきた。紳士は交番に入り、制服を着た警官を連れてきてくれた。警官が来たことで、ようやく男は引き下がった。

中田に関する報道では、詠子も被害者だった。特に二〇〇八年末に中田の愛人と名乗る女性が現れたことで、家族みんなが痛手を負っていた。記事が出ることは、雑誌発売日の前日に事務所関係者からの電話で知った。大まかな内容を聞かされ「とりあえず子どもたちは学校を休ませた方がいい」と言われた。通学途中、電車の中吊り広告で記事のタイトルを見るかもしれない。まったくの誤報とはいえ、子どもたちの心に傷がつくことを心配していたのだ。

「その記事は事実ではないんですよね。事実じゃないならば、学校は休ませません」

詠子は即答した。

「その代わり、明日は私が学校に付き添います」

子どもは残酷である。本人たちが目を瞑《つむ》っていても、陰口を叩《たた》かれ、傷つくだろう。雑誌が出る日に学校を休めば記事を認めたことになる。

その一年前に一連の中田をおとしめる記事が出た時も、詠子はこう教えた。

「知っていると思うけれど、お父さんは横浜市の改革をやっていて、それを恨みに思う悪い人たちもいる。それは誰も恐ろしく手をつけなかったことをやったから。いいことをしても、こういう結果は来ることがあるの」

翌朝、詠子と子どもは一緒に電車に乗って学校に向かった。幸いその車両には週刊誌の中吊り広告はなかった。市長公舎に戻ってから、近くにあるコンビニエンスストアの雑誌売り場に向かった。数百円とはいえ雑誌を買って利することだけはしたくなかったので、その場で立ち読みするつもりだった。棚には週刊誌が並べてあり、表紙に中田の名前が載っていた。動悸《どうき》が激しくなった。雑誌を手に取り、ページをめくった。顔から血の気が引いているのが分かった。倒れちゃいけないと言い聞かせて記事を読み始めた。

記事には、中田が携帯電話に送ったというメールの写真が載っていた。ここまで詳細なことが書かれているとは想像していなかったので動揺した。自分が知らないだけでこの女性と本当は何かあったのではないか。しかし、この一節を読んで嘘だと確信した。

〈奥さんと別居し、みなとみらい地区にある高級ホテル、横浜グランドインターコンチネンタルで暮らしていたんです〉

中田は遅くなることはあっても、市長公舎に帰ってこない日はなかった。それは詠子が一番よく分かっていることだった。

ところが、騒動は収まるどころか、さらに大きくなった。夕方、家族で年賀状を書いていると、テレビから〝愛人〟の記者会見映像が流れた。週刊誌の記事は読む前に心の準備をすることができた。テレビニュースは突然だったので皆、言葉を失った。

テレビの影響は想像以上だった。詠子を訪ねてきた友人がタクシーに「市長公舎まで」と言うと、運転手が話しかけてきたことがあった。

「あそこの夫婦別れちゃったんだってね。そりゃ、あんなことすれば、奥さんもたまらないよね」

人の視線には重さがあることを詠子は知った。

少し前までは、中田と詠子は、お似合いの夫婦として優しい目で見られていた。テレビニュース以降、二人で出かけると、周囲の人たちが自分たちの仕草で関係を探ろうとしていることに気がついた。上から下までじろじろ見るのではない。ちらちらと見る、好奇心の混じった一瞬の視線が重かった。多くの人が集まる場所に行くと、詠子にのしかかる重みは増した。そうした視線を封じ込めるには、二人の関係は何も変わりないと見せるしかなかった。普通に、普通に——と心の中で呟《つぶや》いていた。自然体でいるかのように振る舞うことは難しいものだった。

中田には夫として家族とはかくあるべき、という理想があった。みんなが仲良く、色んなことを話し合う家庭にしようと知り合った頃から口にしていた。そんなに上手くいかないわよ、と詠子が笑ったこともあった。中田は家族の誕生日や記念日を覚えていて、こっそり準備して祝うのが好きだった。その大切な家族を傷つけたことは中田を苦しめていた。

中田は捏造《ねつぞう》記事の被害者であったが、家族に対しては加害者という意識があった。彼はほとんど弱音を口に出すことがない。外に出せない苛立《いらだ》ちを中に溜《た》め込んでいた。詠子はそれが分かるので、子どもたちが外でからかわれ、泣いて帰ってきても、中田には伝えなかった。双方が互いに気を遣いあって、息苦しくなっていた。

詠子はこの時期の記憶がかなり薄れている。辛《つら》い日々だったので、忘れようと努力したのだ。ただ一つ、はっきりと覚えているのは夫婦できちんと話さなければならないと考えて、こう言ったことだ。

「あなたが悪くないことは分かっている。結果的に子どもたちを傷つけたことを悪いと思っていることも。あなたは一生懸命耐えていることも、がんばっていることも。そんなあなたが、私たちに対して罪悪感を持っているというのが辛い。前に進もうよ」

そして、少しずつ昔の空気を取り戻していった。信頼関係にひびを入れるのは簡単だ。それを取り戻すには時間がかかるということを二人は実感した。

中田が側近の秘書以外に市長辞任を最初に明かしたのは詠子だった。「今年、どこかの時期で辞めることになる」と二〇〇九年の正月には聞いていたので、彼女にそれほど驚きはなかった。横浜市で進めてきた改革を後戻りさせないための辞職であることは頭では理解できた。しかし、市長を投げ出したと批判されることになるだろう。

「全然、不安はないから」

そう言いながらも、どうしてこの人は茨の道を歩むのだろうと涙がぽろぽろ溢《あふ》れてきた。

二〇〇九年七月に辞任を表明した後、中田はできるだけ早くこの市長公舎から出ていくつもりだった。持ち家がない中田家は、引っ越し先が必要だった。ただ、自分たちが新居を探しているると不動産屋に話すと、どこで話が漏れるかも分からない。ぎりぎりまで引っ越し先を探すのは待って欲しいと中田は付け加えた。

「引っ越しをするって子どもたちが聞いたら、何て言うと思う?」

「いや、分からない」

中田は首を傾《かし》げた。

「今度の家は犬を飼ってもいいかってきっと聞くわよ」

詠子は涙を拭《ぬぐ》い、明るく答えた。

市長辞任記者会見の後、詠子は物件を探し、すぐに引っ越しの手配をした。ほとんどの家具は市長公舎備え付けのものだった。子どもたちは夏休みで合宿に出かけていた。中田と詠子は最低限の家具を買いに行った。なかなか気に入った家具がなく、とりあえずベランダ用の小さなテーブルと椅子だけを購入した。

新居への引っ越し後、段ボールの積み上がった中で、小さなテーブルの上に食器を並べて顔を見合わせた。そして「新婚の時みたいだね」と二人で笑った。

最後の一枚

駅前で罵声をあびた詠子と同様、中田も選挙戦の逆風を感じていた。

六月二四日の公示日、中田は横浜市西区にある伊勢山皇大神宮《いせやまこうたいじんぐう》で必勝祈願をした後、東京の新橋で演説を始めた。午前中は曇っていた空も昼過ぎには消え、青空が広がっていた。その後、たまプラーザ、あざみ野、鷺沼《さぎぬま》、溝《みぞ》の口《くち》と横浜市と川崎市を演説して回った。演説をしていると、一時間当たり二、三人ほどの通行人が中田に悪態をついた。しかし、それ以上の人間が「がんばれよ」と声を掛けてくれた。中田はほっとした思いだった。

二日目は東戸塚《ひがしとつか》から、上大岡《かみおおおか》、金沢文庫《かなざわぶんこ》、そして大船《おおふな》に着いた頃には夕方になっていた。大船駅前で中田が演説を始めると、一人の男が「市長を投げ出しやがって」と大声で叫んだ。

「市長を辞任した理由については、これから話しますので、聞いていってください」

中田ができる限り穏やかに返すと「赤字を出して逃げて恥ずかしくないのか」と怒鳴り返してきた。Ｙ博のことを言っていたのだろう。

「だから、聞いてください。ちゃんと理由があるんです」

しかし男は中田のマイクの声を遮《さえぎ》るように何事かまくし立てた。演説を聴こうと立ち止まっている人もいるのに、失礼な男だった。

「こうやって人の話も聞かずに野次だけ飛ばしてしまう人が問題なんです」

中田が苛立ちながら言い返すと、男は人をかき分けて近づいて来た。目の前まで来ると、中田を睨《にら》みつけ、踵《きびす》を返して立ち去った。怒りで歪《ゆが》んだ顔を見て、中田ははっとした。いつも諳《そら》んじている政治学者のマックス・ヴェーバーの言葉が頭に浮かんだ。

〈自分が世間に対して捧げようとするものに比べて、現実の世の中が――自分の立場からみて――どんなに愚かであり卑俗であっても、断じて挫けない人間。どんな事態に直面しても「それにもかかわらず《デンノッホ》！」と言い切る自信のある人間。そういう人間だけが政治への「天職《ベルーフ》」を持つ〉（脇圭平訳）

『職業としての政治』の最後の部分である。中田は気に入った言葉を、ｉＰｈｏｎｅに入れて時間がある時に諳んじていた。相手が何と言おうが、「それにもかかわらず！」と言い返さなければならないのに、それを自分は音量の大きなマイクで言い返してしまった。馬鹿なことをしたと後悔した。

横浜市周辺を回っていると時折、冷たい言葉を浴びせられることがあった。横浜駅東口では「税金泥棒」という声が聞こえた。ありがとう――と心の中で呟いた。自分を責める言葉に感謝することにした。港南台《こうなんだい》では「恥知らず」と叫ばれた。恥知らずと言われたのはこれで二度目だなと思った。「ありがとう」と呟いてみた。二俣川《ふたまたがわ》駅前では五〇代の男性が近寄ってきた。

「私はずっとあなたのことを応援して投票してきたけれど、任期途中で辞めるとは思わなかった。裏切られたので、今度は投票しない」

「今から説明するので話を聞いてもらえませんか？」

中田は男の目を見た。

「そんなのは聞いても無駄だよ。どうせ後からつけた言い訳だろ？　君には期待が高かったので失望したよ」

横浜橋通《よこはまばしどおり》商店街を歩いていると、老女が冷たい目で見ていた。

「あんた選挙に出ちゃ駄目よ。人格ゼロだ」

もっとも同じ商店街でこう声を掛ける人もいた。

「あなたが市長をやったお陰で横浜が変わった。ありがとう」

神奈川・東京の他、熊本県をはじめとした日本創新党の候補がいる場所へも応援演説で訪れた。

そして、一七日間にわたる選挙戦最終日、七月一〇日は銀座の数寄屋橋《すきやばし》交差点で演説を終えた。

「私は参議院議員になりたいのではないんです。社会を変えるには政治しかないんです。だから参議院に行くのです」

と中田は最後を締めくくった。

二五万枚用意した選挙用チラシは残りわずかになっていた。初めての衆議院総選挙の時にチラシを配りきることを目標にしたように、今回も「すべてのチラシを配り終えよう」と運動員に声を掛けていた。配り終えられれば当選するという、願掛け《がんか》でもあった。数寄屋橋の人通りの中でチラシはどんどん減っていき、残り一枚となっていた。最後の一枚は、中田が渡すことになった。最後だけは無理に渡すのではなく、声を掛けてくれた人に渡すつもりだった。中田が辺りを見回していると、五〇歳ほどの紳士が握手を求めてきた。

「宜しくお願いします」

中田は手を握り、最後のチラシを手渡した。その瞬間、周囲のスタッフから拍手が起こった。選挙戦が終わった。スタッフたちを労《ねぎら》っているとテレビカメラを向けられ、選挙戦の手応えを聞かれた。「手応えはないわけではない。ただ、当選するとも落選するとも予想がつきませんね」と正直に答えた。ただ記者はそう思っていないようだった。

「これだけマスコミが扱わない中で、一議席でも獲れればすごいですよ」

中田も知名度の低さは痛感していた。日本創新党そのものが知られておらず、「中田さん、選挙に出ていたんですね」という反応も多かった。政党要件を満たさない新党は、様々な面で不利だった。

中田は自宅のある横浜市に戻り、中華街の中華料理店で家族と落ち合った。深夜まで営業している、馴染みの店だった。妻の詠子に「今回は本当によくやってくれた」と頭を下げた。そこに選挙を手伝ってくれた人間が大勢集まってきた。日付が変わる頃、帰宅して家族全員で万歳三唱をした。

敗北宣言

衆議院議員初当選以来、中田は縁起を担いで投票日は決まった行動をしていた。この日だけは目覚まし時計を使わず、自然に目が覚めるまで眠る。昼過ぎに事務所に行き、選挙期間中に溜まった書類を整理。この参議院選の日も、夕方に妻と一緒に投票を済ませ、記者会見まで待機するために予約した都内のホテルに向かった。

ホテルの部屋では支持者と準備されていた弁当を食べた。ここまではいつもと同じだった。部屋のテレビでは選挙開票速報の特番が始まった。参議院の選挙制度は複雑である。任期六年の参議院は、定員の半数一二一人ずつ改選となる。そのうち四八人が比例区に割りあてられていた。有権者は選挙区と比例区の二票を投じることができる。選挙区は都道府県に分けられ、人口によって当選人数が決められている。最大の東京都では五人、神奈川、埼玉、大阪などは三人。創新党党首の山田は東京選挙区から出馬していた。

中田が候補者となっている比例区は、非拘束名簿式《ひこうそくめいぼしき》で、政党に所属していなければ出馬できない。有権者は、政党名、もしくは候補者の名前のどちらかを記入する。この両方を集計し、各政党の獲得議席が確定する。つまり中田宏、もしくは日本創新党と書かれた票が、日本創新党の獲得票となる。そして、政党の中で個人票獲得の多い候補者から順番に当選となる。知名度のある既成政党に有利な選挙方式とも言える。

全国集計が必要な比例区の結果が出るのは遅くなる。まず東京選挙区から出馬していた山田の得票数だった。この選挙区からは、民主党の蓮舫《れんほう》などが出馬していた。時折、東京都の開票状況が画面に出るが、山田は当選圏の五番以内に入っていなかった。他の選挙区から出馬した創新党の候補者は、名前さえ出ない。想像以上の苦戦だった。

前年二〇〇九年で政権交代を果たした民主党の劣勢が予想されていた。首相となった鳩山由紀夫は、普天間《ふてんま》基地の対応等などで失策を重ねた。菅直人が首相を引き継いだが、消費増税を口にし支持率が低迷していた。

中田は予定よりも早く、夜九時過ぎにホテルを出て党本部に向かうことになった。日本創新党の本部は市谷《いちがや》の防衛省の向かいにあった。党本部には三〇人ほどの支持者が集まっていた。重苦しい空気だった。選挙区の候補は全滅だった。比例区の中田が当選する可能性が確率的には零《ゼロ》ではないが、ここからの挽回はほぼあり得ない。一議席も獲れないことが濃厚だった。午後一〇時半から山田と並んで、記者会見に臨んだ。敗北宣言である。ただ、中田はまだ落ちたという実感が湧《わ》かなかった。

党本部から人が引き揚げ、中田はホテルに戻った。時計を見ると午前一時半になっていた。部屋のウィスキーのボトルが目に入った。当選したらお祝いとして飲もうと支持者が持って来てくれたマッカランだった。マッカランの封を切ってグラスに注いだ。シングルモルトの酒を口にしながら、テレビ画面で残り議席数が減っていくのをじっと見ていた。

試合はまだ終わっていない。ただ、大差をつけられながら九回裏のツーアウト、ランナーなしのような状態だった。ツーアウトから野球が始まるなどと甘いことは思っていない。しかし、負けが確定していないことも事実だった。

当選した候補者が選挙事務所で万歳三唱をしている姿が映し出された。中田は先輩議員の言葉をふと思い出した。

「落選すると人がよく見える」

引き続き応援してくれた人と、蜘蛛《くも》の子《こ》を散らすように去って行く人に分かれるという。当選した候補者の周りで喜んでいる人の中には、選挙を手伝ったことのない人間もいる。そうした人間に限って、テレビカメラの前に映りたがる。人は勝ち馬に乗りたいものなのだ。政治家が異常なまでに当選にこだわるのは、落選するとさっと人が引くことを知っているからだ。

残り議席数はあと二つになったところで、中田の携帯電話が鳴った。妻の詠子からだった。

「駄目だね」

詠子は横浜市の選挙事務所で支持者たちと開票を見ていた。

「そうだね」

夜中の三時というのに、諦めきれない人たちが残っていた。中田はみんなに感謝の言葉を伝えて欲しいと頼んだ。ゲームセット――落選したのだという実感が急に湧いてきた。六度目の選挙で初めての落選だった。

翌日、詳細な選挙結果が明らかになった。

比例区で中田の個人名に投票されたのは、一二万二九七八票だった。これは悪い数字ではない。個人得票数で比べると、これ以下で当選した議員は全国で一九人もいる。中には三万票台で当選した議員が二人もいた。決め手となるのは政党名での投票数だった。首位は民主党で一四四三万三一七一票、自民党が一〇六五万七一六六票、これに対して日本創新党は三二万一一二三票。個人名と政党名を足した日本創新党の比率ははっきりしない。というのも得票率はわずか一・五五パーセントの「諸派」の中に含まれていたからだ。

落選は不思議なほど悔《くや》しくなかった。選挙戦の最終日に「参議院議員になりたいのではありません」と語りかけたのは中田の本音だった。衆議院議員を三期、横浜市長を二期務め、今さら、参議院議員になるのかと知人からいぶかしがられたこともあった。それでも出馬したのは、直近の選挙で議席を獲得して、政界再編を仕掛けていくためだった。日本はこのままだと落ちていくだけだ。既成政党の枠組みを壊さなくてはならないと中田は思っていた。

中田には多くの国会議員の知り合いがいる。政界再編をするために、参議院議員になる必要はない。これは始まりに過ぎないのだと中田は前向きに考えることにした。

そして、中田には片付けなければならないこともあった。

参議院選挙期間中、こんなふうな励ましの言葉を掛ける人たちがいた。

「中田さん、俺は市長としてちゃんと仕事をしてくれれば、女なんて何人いてもいいと思っているよ。がんばってくれ」

「男だから愛人がいてもいいんだ。でも、ちょっと趣味が悪いな。もっといい女選びなよ」

中田の〝愛人〟報道のことだった。応援してくれることをありがたく思いながら、「本当に違うんですよ」と中田は困惑した顔になった。

「女性が顔を晒《さら》して主張するのだから、結婚の約束はなくても、なんか関係があったんではないかと思われるかもしれません。ぼくも立場が違えば勘ぐるかもしれない。でも本当に何もないんですよ。火のないところに煙は立たないなんて言いますけれど、ぼくの場合は火のないところに煙を立てられたんです。この件は裁判になっているので、ちゃんと最後まで見ていてください」

参議院選挙の約三カ月半後の二〇一〇年一〇月二九日と一一月一二日に裁判の結果が出ることになっていた。

前者は中田が原告として『週刊現代』の出版元の講談社と記者を名誉毀損《めいよきそん》で訴えていた。後者は中田が被告として、愛人と称する女性から婚約不履行として訴えられていた。予想通り両方とも完全に中田側の勝訴だった。特に愛人と称する女性との裁判は、証人尋問《しょうにんじんもん》さえ認められず、裁判維持できないと女性側の弁護士は交代していた。まったくの捏造だったのだ。勝ったことで安堵はしたが、時間と労力を無駄遣いしたことは腹立たしかった。

週刊誌は庶民感覚に最も近いメディアである。多少証拠集めに甘い部分があっても、その庶民的感覚を武器に記事にする傾向がある。それにより、司法機関が手を出せない闇をあぶり出したこともある。ただ、庶民的感覚は無責任なのぞき見趣味、嫉妬《しっと》など、負に向かう力も含まれる。

宅配制に守られている新聞と違い、夕刊紙や週刊誌は人目を引きつける見出しがなければ、手に取ってもらえない。金銭問題と異性関係があれば記事にしやすい。さらに言えば、名前を出す証言者がいれば、裁判になった時に戦いやすい。しかし、その証言者に悪意がある場合もある。背景を調べた上で、その言葉は慎重に吟味しなければならない。中田の記事はその基本を怠《おこた》っていた。

第四章

大阪で圧倒的な力

大阪維新の会

中田宏が横浜市長を辞任、その後の衆議院総選挙で民主党が圧勝した二〇〇九年に話を戻す――。

総選挙から約一カ月後の九月二七日に行われる、大阪府堺市長選挙には現職の木原敬介《きはらけいすけ》と竹山《たけやま》修身《おさみ》が立候補していた。木原は自民党、民主党、公明党、社民党から推薦された、相乗り候補。一方、竹山は大阪府の元政策企画部長で、橋下徹の元部下に当たる。

当初、現職の木原が優勢だと見られていた。ところが橋下が竹山の応援で選挙区に入ると一気に流れが変わった。開票結果は竹山が一三万六二一二票と、木原の八万九〇〇六票に対して圧倒した。この選挙は、橋下に対する大阪府民の支持の強さを見せつけることになった。橋下は選挙に強いという印象を中央政界へ強く与えることになった。

一〇月、橋下は府庁舎移転を再び府議会に問うている。出席議員の三分の二の賛成が必要となる庁舎移転条例の採決と、過半数の賛成で可決するＷＴＣの購入を分離して採決を取ることになった。前者は否決されたものの、後者は可決された。この採決をきっかけとして、自民党から、大阪府連の幹事長経験もあった浅田均《あさだひとし》など五人の府議が「自由民主党・ローカルパーティー」を結成し、府議会の自民党会派から離脱した。この直後から、橋下たちは「大阪都構想」の検討を始めている。

そして、翌年四月、すでに自民党会派から離脱していた「自由民主党・大阪維新の会」と「自由民主党・ローカルパーティー」が中心となって、「大阪維新の会」が結成された。

大阪維新の会は、既成政党に籍を置きながら所属することのできる地域政党という立ち位置だった。民主党のように他の党との掛け持ちを禁じている政党もあった。民主党の議員は大阪維新の会に入った時点で、除名処分となっている。

大阪都構想を実現するためには、大阪市会の協力が不可欠である。この時点では大阪維新の会に所属する大阪市議はたった一人だけだった。そのため五月二三日の大阪市会の補欠選挙に大阪維新の会は候補者を立て、次点の共産党候補者に約三六〇〇票差をつける、八四九一票で当選した。

大阪維新の会への合流者は増え、六月末には大阪府議会で二七人となり、最大会派となった。

そして七月一一日、参議院選挙に合わせて、再び市議会議員補欠選挙が行われた。この参議院選挙で大阪維新の会は自民党と選挙協力をしている。大阪維新の会が参議院選挙で自民党を応援する代わりに、大阪市会議員補欠選挙で候補者を立てないことになった。その結果、大阪維新の会の候補者は、民主党候補者を大きく引き離して当選した。

自民党、民主党の党本部は大阪で絶大な支持のある橋下と敵対することは得策ではないと判断していた。しかし、大阪府においては、自民党にとって、大阪維新の会は対立する相手となっていた。九月一二日の自民党大阪府連幹部会、役員会合同会議で、自民党籍を保持したまま大阪維新の会に参加している議員に対して、離党勧告を出すことが決まった。

民主党の支持を受けて大阪市長となった平松邦夫も橋下と対立するようになっていた。彼は民主党候補を応援し、大阪維新の会を批判していた。

平松は一九四八年一一月に兵庫県尼崎《あまがさき》市で生まれている。同志社大学を卒業後、毎日放送にアナウンサーとして入社した。白髪交じりの端整な顔つきで、報道番組のキャスターを務めていたこともある。二〇〇七年一一月の大阪市長選に民主党の支援を受けて出馬し、現職の關淳一を破って市長となった。

横浜市長時代、中田は平松と「特別市構想」で意見を交換している。

平松もまた二重行政の問題を認識していた。横浜市と神奈川県の抱える問題を中田が挙げると、平松もその通りですと同意した。キャスターを務めていただけあって、頭の回転が良く落ち着いた印象の男だった。

ただ、平松が市長となった背景が気になっていた。

発端は二〇〇四年秋、毎日放送のニュース番組が、大阪市役所の〝カラ残業〟問題を取り上げたことだった。市職員が残業をしていないにもかかわらず、残業を申告して手当を受け取っていたのだ。調査の結果、二〇〇三年度で九〇〇〇件以上、二〇〇四年度でも約四八〇〇件のカラ残業が発覚した。また、係長以下の職員約二万三〇〇〇人以上に制服の名目で一人当たり三万数千円相当のスーツを支給。さらに、年金と退職金を水増しするために、一九九三年から一一年間で約三〇四億円を職員互助組合に支出していた。その他、特殊勤務手当など、大阪市の職員厚遇が次々と明らかになったのだ。

こうした批判を受けて、当時の大阪市長の關は、外部の有識者による委員会を設置し、退職金の水増し、年金の返還、福利厚生の抜本的見直しなどに手をつけた。關は共産党を除くすべての政党から支援を受けていた。突然、改革を始めた關は、とくに民主党からは変節《へんせつ》と映ったことだろう。その後、二〇〇七年の市長選挙で民主党は平松を立て、關は自公の推薦を受けたものの落選した。

平松が本当に市役所を変えようとするならば、彼を支持した民主党と一線を引かなければならない。地方自治体職員による労働組合、全日本自治団体労働組合――通称「自治労」は公務員改革には反対である。自治労は民主党の有力な支持母体の日本労働組合総連合会傘下にある。公務員改革を行えば当然、民主党と摩擦が起きる。

平松に限らず、メディアに携わっている人間は情報を整理して、伝えることには長《た》けている。ただ、その理解は往々にして表層的だ。問題を的確に理解する能力と、解決する能力は別である。平松の行動を注視しなければならないと中田は考えていた。

マニフェスト

二〇一一年一月二四日の午後、中田は新幹線に乗って大阪へ向かった。この日の夜、大阪市中央区のエル・シアターで行われる大阪維新の会主催の「大都市自治セミナー」に参加することになっていた。中田はパネルディスカッションに先立って講演する予定だった。

司会者の大阪維新の会の府議から「我々と志を共にする同志」と中田は紹介された。マイクを渡された中田は、

「同志と言われると恐ろしい気になった。大阪に来るとバトルが繰り広げられている。そこにネギをしょって来た鴨《かも》のような気分です」

とおどけた。

この日、大阪維新の会はマニフェストを発表した。このマニフェストを元に論議しようと、大阪市長の平松にも参加を呼びかけていたが、欠席の返事が来たという。

中田は橋下からは横浜での経験を話して欲しいと頼まれていた。

「横浜市は私が市長に就任した平成一四年当時、人口千人当たり公務員の数は八人いました。私になってから七〇〇〇人削ったので、今は、五・七一人。一方、大阪市は一一・二九。大阪市は

倍以上の公務員がいるんです。政令指定都市一九のうち、公務員が最も少ないのが横浜市、最も多いのが大阪市」

さらに、地下鉄にも言及した。

「大阪の地下鉄は御堂筋《みどうすじ》線以外は赤字。こちらも営業路線距離と職員の数を比べてみますと、横浜は一キロ当たり一三人の職員。一方、大阪は同じ一キロ当たり四二人。差は歴然です」

会場から溜《た》め息が起こった。

「人件費だけでなく、それ以外の経費も大阪は横浜の二倍以上。これが天下り団体に流れている。ただ、何でも削ればいいというものでもありません。経営効率を上げて、コストを削っていくことが必要なんです」

大阪市の財政状況は中田が市長に就任以前の横浜市以上に悪い。中田はその原因の一つである二重行政の欠点を指摘し、大阪維新の会の進める大阪都構想に賛成する意を表明し、話を終えた。

壇上には長机が置かれ、中田、橋下、浅田たち出席者が座っていた。出席者の紹介の後、大阪維新の会の浅田均にマイクが渡された。

浅田は一九五〇年に大阪市に生まれた。京都大学文学部を卒業、米スタンフォード大学大学院修士課程修了後、日本放送協会に入った。経済協力開発機構日本政府代表部などを経て、九九年、大阪府議に自民党から立候補し、当選した。二〇〇七年、浅田は府議三期目に出馬した際、地域政党を作ることを選挙公約に掲げていた。これが橋下の目に留まり、大阪維新の会に繋《つな》がったのだ。

「私たちは地域政党、大阪維新の会であり、中央の政党とは違う。統一地方選挙といえどもマニフェストは党本部、東京で作成される。全国政党のマニフェストを受けて、各支部が地域版を出す。だから、ある政党はＡ４一枚に収まってしまう。私たちはＡ４で二〇枚になった。地域の課題を解決するために立ち上げられた政治団体です」

大阪維新の会のマニフェストには、広域行政の一本化と区長公選という二つの柱があった。浅田は経済学を講義するかのような静かな口調で、ぽつりぽつりマニフェストを説明した。雰囲気が一転したのは、橋下にマイクが渡されてからである。

「ワイヤレス、使えますか？」

橋下は椅子から立ち上がると、ワイヤレスマイクと交換するように頼んだ。

「学者の皆さんってぼくのこと、嫌いなんですね。唯一お付き合いさせて頂いているのが、ここにいる上山《うえやま》（信一《しんいち》）さんと竹中平蔵《たけなかへいぞう》さん。マッキンゼー、外資系に就職した学者さんとはお付き合いさせて頂いている。経営感覚を持っている学者さんとはお付き合いができるんですね。机の上で民主主義とか言っている学者さんとはお付き合いできない」

コーディネーターとして橋下たちと反対側、上手《かみて》に座っていた上山は苦笑いした。上山は運輸省（現国土交通省）に入省、その後にマッキンゼー・アンド・カンパニーに移った。マッキンゼー退社後に渡米、帰国後は慶應義塾大学総合政策学部教授に就任していた。行政改革の専門家であり、中田とも横浜市長時代から付き合いがあった。

「要はね、都市経営なんです。これからは知事も市長も経営者でなければならない。経営というのは資源を有効かつ効果的に配分して、最大の効果をあげる。こういう感覚が行政にない」

と橋下は勢いよくまくし立てた。

中田は横浜市長就任直後に「これからは都市経営の時代である」と発言して、行政は金儲《かねもう》けではないと市議会で猛反発を受けたことを思い出した。

橋下はスライドに映し出された図を使いながら、現在の大阪市と大阪府、東京都、そして大阪維新の会が考える大阪都構想の違いを説明した。大阪都構想では、人口三〇万人程度の中核市並みの特別区を作り、住民サービスを充実させる。一方、大阪都は、空港、道路、地下鉄など大阪全体に影響する広域行政を担当する。

「市長さんをやっていれば、これだけ聞けばピンと来るはずなのに、平松市長は、中身がない、具体性がないと言うんです。平松さんとは三年間話をしていますけれど、『一緒にやりまひょ』としか言わない。そっちよりもはるかに具体性があると思うんですけれど」

二六〇万人もの市民を抱える大阪市が今の体制で、細かな住民サービスができるはずがないと、平松を揶揄《やゆ》した。

中田は意見を求められ、大阪市以上に人口の多い横浜市でも、区長を市役所内から公募して、権限を与えたと答えた。しかし、それは不十分だったとも付け加えた。

橋下は「ぼくばっかり喋《しゃべ》ってますね」と冗談を言いながら、中田の言葉を引き取った。

「区長公募も同じ役所から選んでいたら、市民の方を向くはずがない。市役所内で公募しても駄目ですよ」

「朝日新聞はぼくのことを喧嘩《けんか》民主主義って書く。あの人たちは机の上に座って、静かな空間でああだこうだと言うのが好きなのかもしれない。でも話し合いは三年間、嫌というほどやってきたんですよ。庁舎移転、ダム問題、ワッハ上方、職員の人件費、挙げたらキリがないです。嫌というほど話をして、話し合いで結論が出ないのが大阪都構想なんですよ」

パネルディスカッションとは名前だけで、独演会だなと中田は橋下の顔を見ていた。

このパネルディスカッションの約二カ月後、三月二〇日にも中田は大阪維新の会の選挙応援のため、大阪入りしている。四月一〇日に統一地方選挙として、大阪府議会議員、大阪市会議員、堺市議会議員選挙が予定されていた。

橋下から選挙応援を頼まれた時、中田は「大阪維新の会の活動には協力を惜しまないつもりですよ」と即答した。中田に関する捏造《ねつぞう》記事を信じている人はいまだに多い。また、市長職を投げ出したという印象が払拭《ふっしょく》されていないのも現実だった。自分を応援演説に呼んで好影響があるかどうかは分からない。大阪でも間違った情報を信じて、自分を嫌う人間がいるかもしれない。敵を作らないのが選挙であるという考えもある。呼ぶ方にも覚悟がいるだろう。それでも橋下たちが、必要としてくれるならばできる限りのことはするつもりだった。

三月一一日に東日本大震災が起こっていた。中田は東日本大震災の被災地から戻ったばかりだった。

最後の演説会場では、大阪維新の会の支援者がほとんどであったこともあり、中田は被災地の話をした。福島県など東北地方の被害が大きく報じられていたが、茨城県の被害も甚大《じんだい》だった。茨城県高萩市《たかはぎし》の草間吉夫《くさまよしお》市長からの依頼で、水や衛生用品を四トントラック二台に積み、高萩市から大洗町《おおあらいまち》、ひたちなか市を回った。

「まだ足りない自治体があるので、そちらに分けてあげてください」

どの自治体の人間も他の自治体への気遣いをしていた。東京では買い占めによる物不足が起こっているのとはずいぶん違っていた。現場で惨状を目の当たりにしてきた中田の言葉には説得力があった。復興を既成政党に任せておけば日本は悪くなるばかりだという中田の訴えに人々は頷《うなず》いた。

演説の後、中田は橋下、幹事長の松井一郎、政調会長の浅田たちと食事をすることになった。ポスターに記すキャッチフレーズを巡って、皆が意見を出し合っていた。告示に向けて、組織が一体となっていく高揚感があった。その様子を見ながら、中田は羨ましさを感じた。話が一段落したところで口を挟んだ。

「そもそも大阪都構想というのは、東京都のバックアップが日本に必要だからだと思うんです。大阪という大都市だから成り立つ話ですよね。ただ、大阪の人にとって、東京の二番手というのがいいのかどうか。東京都との並列となる表現が相応《ふさわ》しいんじゃないですか？」

中田は「もう一つの首都」というのはどうだろうと提案した。なるほどと皆が頷いた。

「もう一つの首都というと、学者がケチをつけてくるかもしれませんね。首都は一つしかないと。だから、もう一つの首都機能というのはどうでしょう」

橋下が話をまとめた。

時刻は夜一一時を回ろうとしていた。中田は途中から時計を気にしていた。橋下と二人で話をしたいと伝えてあったのだ。この分だと今晩は難しいかもしれないと思っていると、橋下から「こちらで話をしましょう」と声を掛けられた。

話とは大阪市長選挙についてである——。

この年の一二月一八日に大阪市長選挙が予定されていた。また、橋下も府知事になって三年が過ぎていた。橋下は翌年二月までの任期途中で府知事を辞任、大阪市長選挙と府知事選挙を同日に行うことを示唆していた。

現市長の平松は大阪都構想に反対している。市長と府知事を大阪維新の会から出すことができれば、構想を一気に進めることができる。大阪府民と市民に大阪都構想についての是非《ぜひ》を問うというのが橋下の考えだった。

橋下は、四月の統一地方選挙を「大阪春の陣」、一一月二七日の府知事、市長の同日選挙を「大阪秋の陣」と呼んでいた。その大阪市長候補に、中田の名前が挙がっていた。橋下はメディアを使って世間の反応を測るところがある。橋下、もしくは周囲の人間が中田の名前を市長候補者として出していた。ところが、中田のところには一切の連絡がなかった。橋下の真意を聞きたかったのだ。

しかし橋下ははっきりと答えなかった。

「中田さんが大阪の市長をやってくれたらありがたいですよね」

と冗談めかして言ったが、ぜひ頼みたいというふうではなかった。

橋下が中田の政令指定都市での改革の経験を買ってくれることはありがたい。文化的な背景や運営の慣行が異なっていたとしても、政令指定都市の基本的な仕組みは変わらない。中田が横浜市で成し遂げた財政改革を大阪市で行うのならば問題はない。しかし、橋下が考えているのは、大阪府と大阪市の統合である。

そもそも中田は大阪都構想には全面的に賛成ではなかった。杉並区長だった山田宏から東京都の区制度の問題は聞いていた。橋下も理解しているように、現行の特別区には十分な権限が与えられていない。ただ、中田がかつて考えたように特別市構想を実現するとなれば、地方自治法の改定が必要となる。国会での法整備を一から始めなければならず、膨大な時間が必要になる。現存する「都」という枠組みを使うというのは、現実主義者の橋下らしい判断だった。中田と橋下は親しいが、緊張感のある関係だった。そのため、お互いの肚《はら》のうちを探るような会話が続いた。

「誰も市長選に出馬する人がいなければ、ぼく自身が出ますよ」

とも橋下は言った。橋下もまだ大阪市長選挙の候補者を決めかねているようだった。

一週間後、中田は日本創新党から出馬している議員の応援演説のため、兵庫県に入った。その後、大阪に移動し、維新の会の松井幹事長と会っている。

松井は、中田と同じ一九六四年生まれである。早生まれの松井は、学年で一つ上に当たる。中田と松井は以前から縁があった。二〇〇四年に行われた大阪府知事選挙で自民党、民主党などの相乗りで立候補した太田房江に対して、自民党の若手府議たちが元参議院議員の江本孟紀《えもとたけのり》を擁立《ようりつ》したことがあった。松井はその中の一人だった。このとき中田は江本の応援演説のために大阪入りしている。

大阪維新の会は橋下を中心として、政策を浅田、政局を松井が担当していた。中田は大阪維新の会と親しいと思われており、橋下の他にどのような人物がいるのか、そしてその役割を尋ねられることがあった。その際、舞台にたとえれば、橋下は主役俳優、浅田が脚本家、松井が舞台監督のような役割ですと説明してきた。

誰をどの選挙区から立候補させるかを決めるのは松井だった。これまでも松井とは何度も意見を交換してきた。この統一地方選挙でも候補者を推薦して欲しいと松井から頼まれたことがあった。中田は日本創新党の関係者を紹介し、大阪維新の会の候補として大阪府議会選挙に二人、市議会選挙に二人ずつ立候補していた。

中田と松井の話はもっぱら、この統一選挙後のことだった。

今回の選挙――大阪春の陣では大阪府議会の過半数を獲ることになるだろう。しかし、大阪市会では過半数は難しい。大阪都構想の実現には、府議会と市議会の可決が必要である。市議会で過半数が獲れない場合は、橋下が市長となって、議会を説得していくしかないだろう、というのが二人の一致した意見だった。

この選挙は二〇〇九年に自民党から民主党へ政権交代してから初めての統一地方選挙だった。民主党の旗色は悪かった。前年から普天間基地移転、尖閣諸島沖《せんかくしょとうおき》の中国漁船衝突事件と立て続けに外交で失策を犯し、民主党政権は支持率を下げていた。東日本大震災では危機管理能力の欠如を露呈《ろてい》し、候補者から公認、推薦の返上や辞退など党への離反者《りはんしゃ》が相次いでいた。開票すると民主党は大きく議席を減らした。

大阪府議会選では予想通り、大阪維新の会が五七議席を獲得して改選前に比べほぼ倍増、定数一〇九の過半数を超えた。六二の選挙区のうち、五九の選挙区、計六〇人に候補者を立てていた。このうち敗れたのは、三つの一人区のみだった。複数の当選者が出る区ではすべての候補者が当選した。圧勝だった。また大阪、堺両政令市議会でも第一党となり、大阪では最大の政治勢力となった。それでも市議会では過半数を獲れなかった。

選挙直後の四月一三日、橋下は府庁内の記者会見でこう宣言した。

「今度は『大阪秋の陣』でもう一回、民意を問う。ダブル選で信を得られれば、市役所に詳細な制度設計を命じることができる」

この発言で大阪府知事選挙と大阪市長選挙が同日に行われることは確実となった。

初めての総理

橋下がダブル選挙を口にした翌日は朝から中田のところに連絡が次々と入った。やはり中田は大阪市長選の有力候補と見られていた。中田は今の段階で正式な出馬依頼はないと断った上で、

「大阪府と大阪市を一体にしてシンプルな形にすることは大賛成。これからも橋下さんには協力していきます」

と答えるしかなかった。

この日、中田は大阪に入ることになっていた。中田の紹介で大阪維新の会から立候補した四人の候補を松井と共にねぎらう食事会が入っていたのだ。中田は松井に連絡を入れ、食事の前に二人で話をすることになった。

「これから橋下知事や維新の会に協力していくことに何の変わりもないんですが、私が前のめりになっているかのような印象は与えたくないんです」

中田は自分が候補者として名前が挙がることに釘を刺した。松井はよく分かりますと頷いた。

「橋下知事に異論を唱えることもあるかもしれない。平松市長にエールを送ることもあるかもし

れない。ただ、それは維新のやっていることを否定するわけではない。維新の考えをより良く知ってもらうには、直球だけではなく、カーブやシュートも必要だと思っているんです」

自分の意に反して〝立候補〟が一人歩きするのは避けたかった。

その後、六月初めに中田は東国原英夫と二時間にわたって話をしている。東国原は四月の統一地方選挙で東京都知事選に立候補し、落選していた。東国原も橋下と近い関係ではあるが、大阪維新の会に合流するかどうかは決めかねていた。東国原からも「橋下さんは中田さんに市長をやってもらいたいと話していましたよ」と言われた。

橋下から頼まれれば市長立候補を真剣に検討せざるを得ない。ただ、大阪市長となれば、中田の生活は一変する。大阪への転居を余儀なくされるだろう。家族は連れて行くのか。そして代表幹事を務める日本創新党をどうするのか――考慮しなければならないことは多い。ただ、それ以前に大阪都構想実現のための大阪市長は、橋下以外には務まらないと中田は思っていた。

六月二日に自民党、公明党、たちあがれ日本が、民主党の菅直人内閣への不信任案を提出した。民主党の小沢一郎や鳩山由紀夫たちはこの動きに同調せず、反対多数で否決された。菅は「一定の目途がついた段階で若い世代に引き継ぐ」と党内に約束して内閣を維持したのだ。その後、この約束が守られなかったと鳩山から「ペテン師」と罵られ、党内から完全に支持を失った。そして、八月二六日に菅は退陣を決めた。

八月二九日の午後、東京にいた中田はテレビに見入っていた。ホテルニューオータニでは民主党代表選挙が行われていた。立候補していたのは、前原誠司、鹿野道彦、馬淵澄夫《まぶちすみお》、海江田万里《かいえだばんり》、野田佳彦の五人だった。一度目の投票で、誰も過半数を獲ることができず、一位の海江田と二位の野田が決選投票に進んだ。

選挙の争点は、小沢一郎を支持するか、しないかだった。小沢は資金管理団体「陸山会《りくざんかい》」の土地購入を巡る事件の裁判があり党内では微妙な立場となっていた。小沢グループと鳩山グループが海江田を推していた。決選投票で、いわゆる「脱小沢」のグループが野田の支持でまとまった。野田は「脱小沢」の中ではその色が比較的弱く、党内がまとまりやすいという判断も働いたのだ。

野田は中田にとって日本創新党の元となった「21世紀日本プライド構想」を一緒に作成した仲でもある。中田はすぐに野田の携帯に電話を入れた。電話はすぐに留守番電話となったので、伝言を残すことにした。

「おめでとうございます。これからが大変だと思いますが、期待しています。私は、野田さんのご下命《かめい》があれば何でもやります」

ただでさえ首相は孤独になりがちである。中田は野田のことを心配していた。

民主党には、保守主義者から社会主義者までおり、国家観、政策がまったく一致しない。例えば、国家の根幹となる税制については二つの考え方がある。

一つは、国民に自助努力を求めて簡素な税制とするという考え。もう一つは国民に税負担を強いて、一定水準の生活を全体に保障する福祉国家を理想とする考えだ。前者の場合、税金は低く抑えられるが、社会保障はある程度犠牲となる。後者は、高い税金を国民から徴収しなければ成り立たない。日本は、中程度の税率で福祉を充実させる中負担高福祉という、曖昧な道を選んできた。結果としてそのツケを国民が払うことになり、財政を圧迫してきた。日本の財政を建て直さなくてはならないことは明らかである。では、どちらの道を選ぶのか——民主党はどちらの論者もいるので、決められなかったのだ。

そこに加えて小沢一郎を巡って、「親《しん》小沢」と「反小沢」という党内政局が存在する。この党内政争を勝ち抜くために、両派が様々な政策を都合良く利用してきた。だから民主党は舵《かじ》を取るのが難しい。

そして、野田政権の成否は松下政経塾出身者の評価にも繋がる——。

松下政経塾は一九七九年に神奈川県茅ヶ崎《ちがさき》市汐見台《しおみだい》に設立された。八四歳だった松下幸之助が、国家に有為な人材を育成するために設立した私塾である。

一九六〇年代から日本は高度成長期を迎えていた。松下電器（現パナソニック）をはじめとした日本の製造業は品質の高い製品を安く作り出し、世界に進出していった。企業は毎年収益を伸ばし、個人所得も増えた。日本中がこの成長は永久に続くという幻想を抱いていたのだ。そのため自民党政権は、税収を使い切り、さらに赤字国債を発行し続けた。そんな中で松下はこのままでは日本が立ちゆかなくなると憂いを抱いていた。そして、日本を国家として経営できる人材を育成するため、政経塾を作った。野田はその一期生である。

政経塾出身者として初めて総理になった野田には、松下の思いを実現しなければならない責務があった。

翌日の衆議院本会議、野田は三〇八票を集め、第九五代内閣総理大臣に指名された。その後、国会内で参議院議員の輿石東《こしいしあずま》に幹事長を要請したという報道を目にした中田は落胆した。

いったい、野田さんは何をやっているのか――。

輿石は日本教職員組合出身でもともと社会党選出の議員である。

選挙にはビラ配りなど多数の運動員が必要になる。基本的に運動員は無給でなければならないという公職選挙法は日本の選挙を歪《いびつ》にしてきた。無償で働いてくれる〝協力的な有志〟を集めるために、自民党は田中角栄に代表されるように人員手配を建設業に求めてきた。見返りは公共事業の受注である。旧社会党の場合は日教組だった。日教組は旧社会党の支持を明確にして、献金、そして運動員を供出してきた。公務員である教員は政治活動が禁止されている。しかし、罰則規定がないため、有名無実となっていた。旧社会党が解党した後は、日教組は民主党と社民党を支持している。輿石はその体質を色濃く反映した政治家である。輿石は小沢と近く、野田は党内融和のために起用したという見方がもっぱらだった。

だがこれも野田の深謀遠慮《しんぼうえんりょ》かもしれないと考え直した。これから野田がどのような政策を打ち出すかで分かるだろうと中田は思った。

民主党は自民党政権を倒すという一点で考え方の違う人間が集まった集団だった。民主党を見ると、価値観の一致する人間で政党を作らなければならないと中田は改めて思っていた。

それぞれ違った価値観を持つ政党が政策を戦わせて、より良い結論を導く。それが民主主義であるだろう。だから日本創新党を立ち上げたのだ。その日本創新党が一議席も獲れなかった参議院選挙で、自民党を離党した渡辺喜美《わたなべよしみ》が率いる「みんなの党」は一〇議席を獲得していた。みんなの党は、自民、民主党に満足できない層をすくい取っていた。そして大阪維新の会が台頭《たいとう》している。党の理念、政策に中田たちがどれほど自信を持っていても、その流れの中で日本創新党の存在は埋《う》もれつつあった。

ダブル選挙

二〇一一年九月一九日、平松は再選を目指して大阪市長選挙への立候補を表明した。一方で一〇月になってもまだ大阪維新の会の候補者は決まらなかった。中田が大阪市長選挙に出馬するのならば、党として協力できる可能性があると、自民党の石破茂《いしばしげる》から出馬の意志を探る電話が入ったこともある。横浜市長時代、防衛庁長官だった石破とは米軍住宅受け容れについて話し合って以来の仲だった。

「出馬については、私から手を挙げることではありませんから」

石破の心遣いはありがたかったが、本当に答えようがなかった。誰が出馬するのか、いつ表明するのかは橋下が決める。ただ、大阪市長には橋下自身が出馬すべきだという考えは変わらなかった。

橋下が市長選挙出馬の意志をはっきりさせたのは、一〇月二二日午前二時過ぎ、大阪府議会本会議終了後のことだった。この時、橋下は辞表を提出。翌二三日、橋下が大阪市長選挙、松井が府知事選挙に立候補することが明らかになった。

一一月二七日の投票日まで残り一カ月——。府知事に立候補した松井の対抗候補はなかなか決まらなかった。共産党推薦の梅田章二《うめだしょうじ》だけがすでに立候補を明らかにしていた。民主党からは元検事の郷原信郎《ごうはらのぶお》、自民党からは参議院議員の丸山和也《まるやまかずや》などの名前が挙がり消えた。一〇月二六日、大阪府池田市長の倉田薫《くらたかおる》が立候補を表明した。倉田は池田市長を五期連続務めていた。大阪府内の市町村の首長の七割の支持をとりつけ、「市町村長連合と府民の会」を立ち上げていた。この倉田を民主党府連と自民党府議団が支援することになった。大阪で圧倒的な支持のある大阪維新の会には、両党の相乗りでしか戦えないという判断だった。

中田は告示前の一一月五日、大阪で橋下と共に街頭演説をすることになった。この日、大阪は夕方から小雨が降りだした。

橋下は白いウィンドブレーカーを着て話し始めた。天王寺《てんのうじ》駅には多くの人が集まっていた。

「大阪府民、市民の皆さんに大阪の将来像、日本の行く末について大きな決断をしてもらうため、ダブル選挙という日程を組むために、残り四カ月の任期を残して退任しました。府知事は本当にいい勉強になりました。テレビでいい加減なことをべらべら喋っていた、コメンテーターをやっている時、世の中の現実はまだまだ知らなかったですね。

知事をやってよく分かったことがあります。政権が変わっても日本の将来に光は見えない。これは政治家が悪いのでも、政策が悪いのでもない。日本の国の仕組みが悪い。今の日本の国の仕組みは、今から一四〇年前、明治維新にできたものをそのまま引き継いでいる。明治時代にできたものをどうして平成の世で使えるんですか？　コンピューターにたとえると、どんな優れたソフトやプログラムが開発されても、コンピューターが壊れていたら、何も動かないようなもの。我々、大阪維新の会は国の仕組みを変えるために集まった。でも、国の形を変える、大阪の形を変えるというのは本当に大変ですわ。今の制度のままで利益を得ている人がごまんといるんです。役所から権限とお金を奪わないといけない。だからこそ、皆さん、ものすごい戦争になりました」

橋下は語調を緩めた。

「週刊誌の攻撃で色々とやられています。自分で週刊誌を読んで初めて知った事実がいっぱい出てきましてね。ふざけんじゃない、この野郎と思っていたんですけれど、全部週刊誌を買って、売り上げに貢献しちゃいましたよ」

観衆から笑いと拍手が起こった。週刊誌に橋下の出自を暴く記事が出ていたのだ。自分に対する暗い記事を橋下は笑い飛ばした。

別の演説では、この週刊誌の記事についてこう話している。

「死んだ父親が暴力団員だったというのは、週刊誌で初めて知ったんです。噂《うわさ》では暴力団関係者とは聞いていましたけれど、正式に暴力団員だというのは知らなかった。でも、しょうがない。死んだ親父のことだから、ぼくが言ってもしょうがない。しかし、ぼくが訴えたいのは、今のこの利権構造を変えるには坊っちゃん、お嬢ちゃんじゃできませんよということ。実の父親が暴力団員？　結構毛だらけ。実の父親がガス自殺？　結構毛だらけ。ぼくのこれまでの生い立ち、これまでの積み重ねがあってぼくの人生があるんです」

批判されることに慣れている政治家とはいえ、自分を貶《おとし》める記事を書かれれば疲弊《ひへい》するものだ。中田は衆議院議員時代、総理大臣だった小泉純一郎《こいずみじゅんいちろう》から、自身に対する報道は「放っておくのが一番」と助言されたことがあった。判断がぶれるからと、小泉は自分の記事を一切読まなかった。中田もよほど悪質な記事以外は読まない。いまだに自分のことを憶測《おくそく》で悪く書いている記事を見つけると嫌な気分になる。ただ、悪質な記事には対応しなければならないので、いやいや記事を読むのだ。ところが橋下は違っているようだった。細かな記事に至るまで時間が許す限り読んでいた。そして、ツイッターで反論する。痛みに対する耐性が異常に強いのか、攻撃には攻撃で返さなくてはならないと考えているのか——中田には理解できない部分があった。

この日、大阪市長選挙で共産党が独自候補を見送り、平松支持に回ると報じられたことにも触れた。

「皆さん、今日の報道を見ましたか？　共産党は何ですか？　日本の政治の駄目な証拠ですよ。国会では自民党や民主党と共産党は罵《のの》りあっているんですよ。それがこの大阪の地において、なんで手を結ぶんです？　共産党は何から何まで反対と、四〇年間ずっと独自候補を立ててきた。それが橋下を潰《つぶ》せというだけで、自民党、民主党と手を組んだ。上等ですよ。何の身分もない一弁護士を天下の自民党、民主党、共産党が潰そうとするのは光栄です」

演説の前、中田と橋下は一緒に昼食をとった。その時、共産党が平松支持に回ったという話になった。橋下は「かなり厳しいことになりました」と顔をしかめた。共産党は大阪で一〇万票近い票を持っているという。これで既成政党すべての組織票が平松に回ることになる。

「投票率が低ければ低いほど不利になります」

ところが、人前に立つと既成政党をすべて敵に回したことを楽しんでいるかのように、橋下は顔には笑みを浮かべながら話をしている。弱みを見せない男だった。

「私のことは独裁だなんだと言われます。確かに言い過ぎの面はありますよ。でも今日はうちの嫁に、食器をちゃんと流しに持っていってって怒られたんです。この間、オカンを温泉に連れて行ったら、あんたちょっと口が悪いって二時間説教を受けました。こんな独裁者はいませんよ」

政治資金パーティーの場で橋下が「今の日本の政治に必要なのは独裁」と言い切ったことを批判されていた。

「この闘いに勝つには政治のエネルギーが必要、強いエネルギーが必要。独裁と言われるような強い力が今の日本には必要だと言ったんです。ところが、前後が省《はぶ》かれた」

政治家には、役者と同じ人気稼業という面がある。観客が思わず声を掛けるような舞台役者のように、集まった聴衆の心を惹きつけなければ票は獲得できない。橋下の演説には人が耳を傾ける何かがあった。

橋下の特徴はきつい言葉を使っても、どこか愛嬌《あいきょう》があることだ。そして、聴衆にこの男ならば自分の気持ちを分かってくれるという印象を与えた。中田の演説は分かりやすいとよく言われる。自分でも演説は得意な方だと思っていた。その中田が橋下には敵《かな》わない部分があると敬服していた。

共産党が平松支持に回ったことは厳しい。しかし、平松が共産党まで含めた既成政党の支持を受けた胡散臭《うさんくさ》さを有権者は感じているはずだった。

街頭での人の集まり方、聞く態度を見て、自分が初めて横浜市長選挙に出た時のことを思い出した。加えて橋下には知名度がある。さらに選挙前から各地でタウンミーティングと称する小規模の集会を開いて、維新の会の考えを説明してきた。既成政党とは違う独自の基盤を作りつつあった。中田が相乗りの高秀秀信に勝利した時は、文字通り鼻差ともいえる二万票の差だった。

橋下は少なくとも鼻差以上で平松を上回るだろう。

橋下とは当選後、中田がどのような役職で大阪市に関わるかという話にもなった。常勤か非常勤か、市政改革プロジェクトチームか、大阪都構想プロジェクトチームか――。

この日、中田が最も印象に残ったのは、橋下が初めて国政選挙を口にしたことだ。

「既成政党がもし都構想実現に反対ならば、次の衆議院総選挙に独自候補を立てなければなりませんよね」

一一月二七日、二〇時となり投票が締め切られた。その瞬間、橋下の当選確実の文字がテレビに映し出された。出口調査の結果、開票前に橋下の当選が確実とされたのだ。開票してみると、橋下が七五万八一三票、平松の五二万二六四一票に二〇万票以上の差をつけた。府知事選挙では、松井が二〇〇万六一九五票、倉田は一二〇万一〇三四票。大阪維新の会の圧勝だった。

第五章

あの男は本当に大丈夫なのか

大阪市特別顧問

「副市長をやってもらえませんか」

橋下徹から中田宏に電話が入ったのは、大阪ダブル選から二日後、二〇一一年一一月二九日深夜のことだった。この日、中田は都内のライブハウスで行われたトークイベントに参加し、その打ち上げで知人たちと酒を飲んでいた。橋下からの電話で、中田は急に酔いが冷めた。正式な形で役職を依頼されたのは初めてのことだった。橋下は中田に大阪市の改革案件を監督する役割を期待していると言った。中田は明日改めてこちらから連絡しますと電話を切った。

投票日前の二四日にも中田は日帰りで大阪に行き、松井一郎の応援演説をしている。その際、橋下は中田に挨拶をしたいからとわざわざ顔を出した。そこで「選挙が終わったら時間を取ってください」と声を掛けられていた。薄々、副市長を頼まれるのだろうなという予感はあった。

横浜市長時代、中田が痛感したのは、協力する人間よりも足を引っ張る人間の方が多いということだ。傍観することは、結果として足を引っ張る人間を助けることになる。

橋下は街頭演説でこんなふうに話していた。

「日本の国の仕組みを一気に変えることはできません。歴史を紐解《ひもと》けば、フランスの市民革命はパリから、アメリカの独立戦争、辛亥革命《しんがいかくめい》、明治維新も一つの地方から大きな改革が始まった。大阪の地から日本全体を変える大きな動きを創り出す時がやってきたのです」

中田は橋下の考えに全面的に賛成だった。橋下を前面に押し立てて、日本を変えることは可能だと思うようになっていた。

翌三〇日、中田は橋下に電話を入れた。

「副市長という立場かどうかは別にして、検討させてください。ただ、常勤は難しいです。所管を持つことは避けたい。自由度を高めておいてもらいたいのです」

横浜市の場合、三人の副市長がいる。一八区を分担して六区ずつ、さらに環境創造局や交通局といった局も三人で分担、監督している。これを所管と呼ぶ。国政で言えば、副市長は複数の省庁を束ねる大臣のようなものである。所管《しょかん》を持つことになれば、市議会での答弁の必要もあり、大阪に張り付かなければならない。大阪への転居が必要となるだろう。家族のことを考えれば、それは避けたかった。

また、中田の最大の同志である、山田宏はこの時点で橋下に対して懐疑的だった。中田は首長連合で橋下を山田に引き合わせる前に、「自分としては、かなり本物だと思う」と紹介していた。山田は橋下のメディアを通したずば抜けた訴求力、そして人心掌握術にも長《た》けていることは認めていた。ただ、橋下からは国をどのように運営していくのかという国家観が感じられなかった。言葉が巧みであるがゆえに、どの方向に人を導くのか分からない空恐ろしさがあった。首長連合では何度も顔を合わせたが、山田は最後まで橋下を信用することはなかった。

次の衆議院総選挙では民主党が敗れ、政権交代することになるだろう。自民党も一枚岩ではない。中田と山田は国家観を同じくする自民党、民主党の国会議員を見極めて会談を重ねていた。機が熟せば、彼らを集めて政界再編に持ち込むつもりだった。中田や山田にとっては橋下と大阪維新の会もその一つの駒であった。中田が副市長になって大阪を本拠とすれば、その動きを中断せざるを得ない。

二日後の一二月二日夕方、橋下から電話が入った。区政体制と国政担当に役割を絞った特任担当副市長はどうだろうかという話だった。橋下は大阪都構想に向けた区長公募選考の責任者に中田を充《あ》てるつもりだった。また、大阪都構想を実現するには、国会で地方自治法改正が必要となる。東京で国会議員と連携することも期待していた。

一二月一五日、橋下から電話が入った。

「中田さんは大阪よりもむしろ東京で動いてください。マスコミにバンバン出てもらってどんどん維新の会の考え方を発信してもらいたいんです」

転居はせず、必要があれば横浜と大阪を往復する。中田の意向に沿ったものだった。

「ということならば、役職は副市長じゃない方がいいですね」

中田は返した。中田の副市長就任が漏れてテレビなどで報じられていた。それを見た人間が中田のところに電話を入れてきた。横浜市の首長だった人間が、大阪市の副市長になれば、横浜は大阪よりも下なのかと横浜市民から反発があるというのだ。中田の揚げ足をとる人間たちがまだたくさんいる。そうした人間と無用の衝突をして消耗することは避けたかった。

「役職名はなんでもいいんです。手伝って頂ければ」

橋下は明るく答えた。

年が明けた一月下旬から公募区長の選定に入る予定になっていた。中田にはなるべく早く着任して欲しいというのが橋下の希望だった。

「ところで、こちらからも橋下さんにお願いがあるんですが……」

年明けの二〇一二年一月に日本創新党の母体となった政治団体「日本を創新する会」が大阪で新年会を予定していた。この会は、埼玉県知事の上田清司《うえだきよし》が会長を務め、中田や山田の他、前神奈川県知事の松沢成文が所属している。その新年会に参加して欲しいと考えていた。すると、

「いや、それは難しいですね」

あっさりと橋下は断った。物を頼む時は低姿勢だが、受け容れられたとしてもそれを借りとしない。それが橋下である。

振り返れば、二〇一〇年の参議院選挙でも中田は橋下に日本創新党の応援演説を頼んだことがあった。しかし、橋下は保守色の強い日本創新党と距離を置くべきだと考えたのか、断られていた。それ以降、中田と橋下の距離はずっと近くなっていた。中田は何度も橋下の求めに応じて大阪維新の会の応援演説をしている。基本的に応援演説の往復旅費は、応援する側が負担する。現

職でなくなると、周囲の対応が大きく変わる。それまで応援してくれていた支援者は離れ、寄付も激減する。そんな中でも中田は大阪維新の会を応援してきたという自負があった。それでも橋下の対応はあっさりしたものだった。改めて、橋下が情に流されない男であると中田は思った。

翌日の一二月一六日、中田は横浜から名古屋に向かった。新幹線を降りると、橋下からの留守番電話が残っていた。

「結論から言いますと、副市長の件はなかったことにしましょう。お互いのために、上司と部下という関係は良くないと思います。中田さんには力を貸してもらいたいので、特別顧問の形でお願いしたい」

一二月二一日、二人は都内で一緒に夕食をとった。翌日に中田の大阪市特別顧問就任が発表されることになっていた。

食事の席で橋下は、次の衆議院選挙で国政に進出すると明言した。

「道州制と首相公選制を争点にして、最低でも二〇〇小選挙区に候補者を立てますよ」

威勢のいい言葉だった。しかし、日本全国で二〇〇人もの候補者を立てることの大変さを本当に分かっているのだろうか。国政選挙は各地方ごとにそれぞれの事情がある。特に自民党にはそうした事情を熟知した人間がたくさんいる。そうした人間に勝つのは一筋縄ではいかない。参議院選挙で創新党が一議席も獲《と》れなかったことを中田は思い出していた。何より国政政党となれば、橋下が避け続けてきた国家観に触れなければならない。

「口で原発を減らすなんて言っているだけでは駄目。我々は大阪市役所の持っている関西電力の株を利用して、脱原発依存の株主提案に挑戦します」

「我々は大阪の形を変えるだけじゃなくて、公務員制度も変えますよ。公務員制度を抜本的に見直すために職員基本条例を出します」

労働組合の適性化、大阪市役所職員の刺青《いれずみ》、関西電力大飯《おおい》原発再稼働――橋下の発言は実に刺激的で饒舌《じょうぜつ》だ。その他、大阪都構想など政策について、橋下は言葉を尽くして説明してきた。一方、どのように日本の国を守るのか。憲法九条をどう考えるのか、あるいは天皇制といった国の根幹については話していない。橋下が話しているのは、断片的な各論に過ぎないと中田は見ていた。

中田が作成に携わった「日本よい国構想」では、国家の役割についてこう定義している。

〈第一に国民の生命と財産を守ること、第二に国を豊かにすること、そして第三に文化と伝統を継承すること。そう考えるべきではないかと思います。

そのように重要な役割を担っている国だからこそ、「国家主権を守る気概」がきわめて重要となるのです。国家主権が崩れてしまったら、この三つの役割を果たすことなどできない。つまり安全保障や治安確保を忘れたら、経済そのものの真の回復すらも見込めなくなってしまうのです〉

至極《しごく》真っ当なことである。しかしながら、戦後の日本では国家を肯定的に、そして自国を守らなければならないと語ると、軍国主義者、右翼とされる風潮が長らく続いてきた。それを意識してだろう、橋下もまた、こうした当たり前の国家観さえ触れることはなかった。

中田や山田にとって、国家観は政治家の幹であり、政策はそこから派生する枝葉である。橋下は枝葉は勢いよく茂っているが、幹が見えない大木だった。もちろん、中田も横浜市長時代、国家観をわざわざ語ることはなかった。それだけで労働組合は中田を毛嫌いし、中田の施策すべてを否定するだろう。そうなれば市政改革に差《さ》し障《さわ》りが出る。しかし、親しい仲では国家観について論じてきた。いまだに中田は橋下と国家観について話し合ったことはない。橋下が避けていることを中田もあえて話題にしてこなかった。橋下はどこか他人を踏み込ませない部分を持っていた。自分がなかなか本音を語らないので、人の言葉も信用していないようにも見えた。

国会部隊

大阪市の中心地は大通りが碁盤の目に走っている。南北の大通りは「筋」と呼ばれている。筋の中でも、最も栄えているのが御堂筋だ。御堂筋は、通り沿いに北御堂《きたみどう》と南御堂《みなみみどう》という二つの寺院があったことから名付けられた。この御堂筋と中之島通の交差するところに、大阪市役所がある。御堂筋を挟んで日本銀行大阪支店、裏側には中之島図書館。この一帯、中之島は大阪の心臓部である。

二〇一二年一月二五日。中田が車を降りて、空を見上げると真っ青な空が広がっていた。大股で大阪市役所の入口をくぐった。気温二度と冷え込んでいたが、気持ちのいい朝だった。市役所の入口では、中田の到着を職員が恭《うやうや》しく出迎えた。中田は職員に続いてエレベーターに乗った。

大阪市役所は、白い花崗岩《かこうがん》を表面にあしらった八階建ての落ち着きある建物である。一階のロビーは、三階部分までが吹き抜けとなっており、綺麗《きれい》に磨かれた壁が柔らかく光を反射していた。古くかび臭いこぢんまりとした博物館のような大阪府本庁舎と違って、近代的でゆったりとした造りである。ここにも、大阪市と大阪府の力関係が表れていた。かつて大阪府議会で橋下は、財政的な強さについて大阪市を饅頭《まんじゅう》のあんこ、大阪府をそれ以外の皮とたとえて問題となったことがあった。

この日は、中田の大阪市特別顧問としての初仕事だった。一〇時から行われる区長会議に出席することになっていた。

大阪都構想には三つの要素があった。一つは広域行政の集権化である。鉄道、道路の整備など大阪全体の利益に関わる権限を、市と府の垣根を取り払って大阪都が把握する。二つ目は、大阪市を八、九ほどの特別自治区に再編成し、中核市並みの権限を与える。三つ目は地下鉄、水道、バス事業などの民営化である。

中田に託されたのは二つ目の特別自治区への再編成だった。大阪市には二四の区があり、それぞれ区役所、区長が存在している。しかし、区にはほとんど権限は与えられておらず、大阪市役所本庁――通称〝中之島〟の意向を伝える出先機関に過ぎない。区長も大阪市役所の職員である。その現存の区を解体して、選挙によって選ばれた区長が束ねる特別自治区とする。特別自治区へ権限を与えるのは、より住民に近い場所で住民サービスを行うためだった。

橋下は大阪市長に就任した日、区長公募を始めていた。一月一一日に締め切ると、一四六一名もの応募があった。この中から公募区長を選考し、現在の区長から仕事を引き継がせることが中田の仕事だった。

中田は区長会議の行われる広い部屋に入ると、自分が市長として初めて横浜市役所に登庁した日のことを思い出した。あの日と同じ冷ややかな目が自分を取り囲んでいたのだ。彼らにとって中田は招かれざる客だった。今回、中田が担当する区長公募は、彼らから区長職を奪うものだった。当然、区長公募には大阪市役所職員も応募できる。公募に応じた現職区長もいるだろう。しかし、選考に落ちれば、あるいはそもそも応募していない区長は新区長が決まった段階で職を解かれることになる。

会議冒頭の挨拶で、「観念」という言葉を繰り返した。公務員の労働組合は、平松邦夫を支援していた。すべてではないにしても、市職員の多くは橋下を快く思っていない。しかし橋下が市長になったことは現実である。諦めるしかない。観念するしかない。

「橋下さんが市長を五期二〇年もやることはないでしょう。やったらぞっとするでしょ？　そんなことはあり得ない」

橋下は強烈な個性の男である。職員の中には、話の内容以前に橋下というだけで拒否反応を示す人間もいるだろう。人間は論理よりも感情が優先することがある。好き嫌いで判断されると先に進まないというのは、中田が横浜市長時代に感じたことだった。橋下が嫌いでも、中田ならば話を聞いてもいいという人間もいるだろう。橋下の厳しい言葉を和らげる役割もあると中田は思っていた。

そしてこうも言った。

「大阪市という船に誰が一番長く乗るかというと、市職員なんです。この制度を活用して生きていくのは皆さんです。ここにいるのはベテランの方ばかりです。長年矛盾に感じていたことをこの際、一気に出して、より良い制度にしてもらいたい」

中田は横浜市長に就任した際も、同じ主旨の発言をしていた。長期的にこの市に関わるのは、市長よりも市役所職員であるのだ。

中田は区長会議に先立って年明けの一月六日に大阪を訪れている。まずは公募区長選考の進め方を打ち合わせした。書類選考、面接はかなりの労力が必要になる。しかし、きちんと順序を踏んでいけば問題はない。それよりも橋下、松井と時間を費やしたのは、国政についてである。

一月四日に行われた大阪維新の会の全体会議で、「維新政治塾」の設置が決まった。これは来る衆議院総選挙に向けた候補者選考だと話題になっていた。

ところが、年末に会った時と違い、橋下は衆議院総選挙にそれほど積極的ではなかった。大阪都構想に必要な地方自治法の改正に既成政党が反対するのならば候補を立てざるを得ない。維新政治塾はその人材を抱えておくためだという考えには変わらない。だが、次の衆議院総選挙には「自分も松井幹事長も出馬しない。こっちが力をつけておけば、いつでも勝負できる」と橋下は言った。松井は、衆議院総選挙では、考え方の近いみんなの党へ大阪維新の会の推薦を出す方向だと付け加えた。

みんなの党は、二〇〇九年一月に自民党を離党した渡辺を中心にして、同年八月に結党している。これは七月に麻生太郎総理が解散をしたことを受けたものだった。

小泉純一郎首相以降、日本の政治を語る上で一つの重要な視座は、「小さな政府」と「大きな政府」のどちらを目指すかである。小さな政府を掲げる政治家は、肥大化した政府を小さくすべきである、そのために公務員制度改革、独立行政法人改革を行うべきだと考える。それに対して、大きな政府を掲げる政治家は、現在の官僚機構の維持を想定している。もともと、国会議員には、霞が関出身の「官僚派」とそうでない「党人派」という流れがあった。前者は大きな政府を、後者は小さな政府の支持者である。小泉改革以降、その摩擦は激しくなった。

みんなの党の党首、渡辺は第一次安倍晋三《あべしんぞう》内閣で、行政改革を進めてきていた。みんなの党の政策は、「小さな政府」「道州制導入」など、大阪維新の会、そして日本創新党と重なっている。渡辺と中田はしばしば意見交換をする仲だった。内政、行政改革、規制緩和に関しては、みんなの党、大阪維新の会、日本創新党は一致していた。大いに連携すべきだと中田は考えていた。

しかし、である。

区長会議で大阪入りした際も中田は、松井や浅田均と食事をしている。その時に自分の考えをこう伝えた。

大阪維新の会はあくまで地域政党である。地方選挙には経験があっても、国政選挙では勝手が違う。大阪維新の会が国政に進出する場合、みんなの党に合流せざるを得ないだろう。それも一つの選択肢ではあるが、まずは大阪維新の会として候補者を立て、国政で一定の力を持つべきである。

「道州制を掲げる維新の会の候補を、上田さんや中村さんという地方の首長が応援してくれるでしょう。ただそれでは選挙の時だけ、維新の会の名前を利用して裏切る人間も出てくる可能性がある。ばらばらにならないために橋下さんがトップとなる国政政党として、維新の会の国会部隊という位置づけにする」

上田、中村とは、埼玉県知事の上田清司、愛媛県知事の中村時広である。

中田は、日本新党で政権与党となった後、党が崩れていくのを目の当たりにしている。その時、政治家としての経験のない中田はなすすべがなかった。同じ轍《てつ》を踏んではならない。橋下は大阪で市議会議員、県議会議員をまとめてきた。それはあくまでも市政、府政という狭い範囲であり、しかも橋下という重石《おもし》が身近にあったからだ。国会となると、様々な力学が働く。市長として橋下は大阪に留まることになるのであれば、どのような組織を作っていくかが大切であると中田は説いた。

「政界再編が起こるとしても、今のまま衆議院総選挙になるとしても、自前の部隊を持っておけば、様々な交渉を成り立たせることができる」

総選挙になった際、政党要件を満たすために五人の国会議員を集める必要があった。日本創新党の旗揚げでは、その五人がおらず、諸派扱いにされた。もちろん、日本創新党と注目度の高い大阪維新の会とでは事情が違っている。多くの国会議員が橋下にすり寄ろうとしていた。五人の国会議員はすぐに集まることだろう。

その際の条件として、まずは現在の所属政党を離党すること。その上で大阪維新の会の政策に賛同することが必須である。そうでなければ次の選挙での公認はできないというのが橋下の考えだった。

「その場合、中田さんはどんな立場で維新の会、そして国会運営に関わるつもりですか？」

松井は中田の顔を見た。次の衆議院総選挙で私も立候補しますと中田は答えた。

「国会で大阪の考えを伝え、反映することが役割でしょうね。私としては今回は無理としてもその次の総選挙で橋下さんに国会に来てもらって総理大臣になってもらいたい。それで日本の大転換を図る」

二時間以上にわたる濃い話し合いだった。中田が外に出ると、報道陣が待ち構えていた。中田の周りを取り囲むと「今日は何のお話をしていたんですか」と尋ねた。

「維新政治塾の講師として登壇《とうだん》してくれという話でした」

中田はとぼけた。

「維新政治塾は次の衆議院選挙に向けた候補者選びと考えていいんでしょうか？」

「中田さんは維新の会から出馬されるのですか？」

次々と質問が投げかけられた。

「具体的なことは知事に聞いてください」と中田は後ろから出て来た松井を指さして、足早に車に乗り込んだ。

CC文化

山田が橋下と再び頻繁に会うようになったのは、大阪ダブル選挙の後、二〇一一年末からだ。

「この間、橋下さんにこの勉強会の話をしたら来たいと言っています。連れて来てもいいですか？」

山田が主宰する勉強会が終わった後、参加者の一人が山田に尋ねた。

「橋下さん？　ああ、いいですよ」

勉強会は月一回程度開いており、松下政経塾出身者を中心として、党派を超えた集まりとなっていた。野田佳彦も総理大臣就任前までは参加していた。

一二月、橋下は人目につかないように上京し、勉強会に出席した。会が終わると、「山田さん、ちょっといいですか」と話し掛けた。

「今度、大阪都構想を進めなきゃいけないんです。山田さんは特別区の区長をやっておられたじゃないですか。ちょっと手伝ってくれませんか?」

大阪都構想については山田も報道で耳にしていた。また、中田からも東京都の制度に準じた特別区を作るのだと聞かされていた。

「頻繁に大阪へ行かなければならないのは無理だけれど、知恵は出すよ」

橋下はありがとうございますと頭を下げた。

山田を大阪維新の会に巻き込んだ方がいいと助言したのは中田だった。自分は特別区制度を作ることはできる。ただ、実際の運営については特別区区長の経験がある人間を入れた方がいい。

橋下の誘いに快諾《かいだく》したものの、山田は依然として橋下に警戒心を持っていた。橋下と急速に距離を縮める中田に「あの男は本当に大丈夫なのか」と問い質《ただ》したこともある。中田は橋下についてこう説明した。

「こんな二択問題を出すとします。例えば〝民間でやれることは民間に開放すべきだ〟。彼は当然マルをつけます。〝国家とは我々の富や幸福を奪う危険な存在である〟。これにはバツ。そして、

〝国家とは私たちが安全に生活するためには、極めて重要な存在である〟という問いにはマルをつけてくる。これは私たちと同じ方向性なんです。彼はこれまで様々な問題で私たちと同じ答えを出してきた。たまたま同じ、ということじゃないんです。国家とは何かと考えているはずです。考えていないと同じにはならない。その考えは我々と近いのは間違いありません。ただし――」

中田は付け加えた。

「彼は、日本の国家像について八〇〇字で答えなさいという問いには乗らない。自分の口からそれを体系的に語ることはあえてしないんでしょう」

「それを言うのが、政治家だろう」

山田は納得できない顔で言い返した。

「メディアを通すと、都合の良いところだけ切り出されることがある。橋下はそれを見抜いている。だからだと思います。彼は新聞、テレビというメディアを知り尽くした男です。だから、我々のような正直さではなく、口をつぐむ。それは社会変革のためにはそちらの方がいいと判断しているからです。国家について話すことは、批判のための餌《えさ》を撒《ま》くようなものだと考えているんでしょう」

そして二〇一二年一月二六日、山田の大阪市特別顧問就任が発表された。

特別顧問の報酬額は一日実働二時間以下の場合、二万二〇〇〇円、最大五万五〇〇〇円と規定されている。その他に交通費は実費支給。新幹線ののぞみの普通料金が適用され、飛行機などを利用して上回った分の補塡《ほてん》はない。人材を抱え込むのではなく、必要な時期だけ流動的に利用するという手法である。

山田が橋下と一緒に仕事をするようになって驚いたのは、メールの使い方と量だった。山田や同じく特別顧問である中田、特別参与、局長、大阪維新の会のメンバーといった関係者宛ての一《いっ》斉《せい》メールが橋下から一日に何通も送られてくる。

〈ぼくはその分野に弱いので、○○さん、ご専門ですよね、教えてください。〉

〈特別顧問の皆さん、意見を寄せてください。〉

誰かがメールを返すと、橋下がまた返事をする。そのやり取りはすべてＣＣ（同報送信）で関係者全員が読むことができた。ＩＴ業界の経営者などが多用する、電子メールで情報を共有するいわゆるＣＣ文化である。

もちろん山田もこの手法は知っていた。しかし、これは株式等で強力な権限を持つオーナーだからできる手法だと理解していた。多くの人間に情報を公開すれば、悪用される可能性がある。だが橋下のＣＣメールでは特別顧問や府知事はともかく、市役所の局長なども宛先に含まれていた。市役所内には橋下を快く思っていない職員も多い。市長は民間企業でたとえれば、権限の限られたサラリーマン社長である。オーナー企業でさえも、ＣＣに誰を入れるのか、ＢＣＣ（宛先が表示されない同報送信）をどう活用するのか、そこに高度な社内政治が存在する。「お前にだけは言っておく」というふうに自分の利益となる人間だけに情報を渡し、派閥を固める。それが政治だ。だが橋下は情報に濃淡《のうたん》をつけて、人を支配するやり方をしない。

橋下の手法は独裁的だと批判されることもあった。しかし、他の人間とのメールのやり取りを見ていると、まったく逆だった。橋下は悩みも公開しながら、周りを引き込んでいく。そして、自分が間違えた時はすぐに謝罪する。後腐《あとくさ》れがないのだ。

大量のメールをやり取りして、会議は最低限。そのため、議論から決定への速度が非常に速い。メールに限らず、橋下の情報処理能力は桁外《けたはず》れだった。この本は読んだ方がいいよと渡すと、忙しい中いつ時間があるのだろうと思うほど、早く返事が来た。そしてその感想は的確だった。また、弁護士時代は数億円の年収があったにもかかわらず、橋下が金銭に淡泊なことも面白かった。金銭の匂いがするところから逃げているようにも見えた。そして、彼を突き動かしているのは、日本の談合体質に対する反感だと山田は思うようになった。

戦前から日本には責任者をはっきりとさせない傾向がある。決定過程が曖昧で、みんなで決めるので誰も責任を取らない。橋下はこうした談合体質に非常な嫌悪感を持っていた。不明朗で理不尽な社会を立て直さないと、自分と同じように苦労する人間が出てくるだろう。公平で透明度の高い社会を作るのだ――。

日本創新党で参議院選に出馬した時、山田は勝ち負けよりも、立ち上がることが大切だと考えた。しかし、橋下は、正しい行動であっても、負ければ意味がないと言い放った。どのように相手に勝つかと考えを巡らせることについては天才的だった。ただ橋下は敵に打ち克つことには滅《めっ》法強《ぼう》いが、政治家としての足下は脆《もろ》い。そこを自分が手助けすることはできるだろう。人間には持ち分があると思うようになった。

こんなこともあった。

大阪維新の会としてのマニフェスト「維新八策」の論議に入った時のことだ。山田は「参考になると思うので」と自著『「日本よい国」構想』を橋下に渡した。橋下からすぐに本を読ませて頂きましたと連絡があった。

「ほとんどアグリー（同意）です。違和感ないです、賛成です」

そして、「ただ」と付け加えた。

「出し方ですね。出し方によっては引いちゃいますね」

つまり、山田のやり方は自分の正しいことを、聴衆がどんな反応だろうが話し続けるようなものである。一方、橋下はいかに聴かせるかを考える。

それ以後、山田は橋下との違いについて尋ねられると、こう答えるようになった。

「山田食堂は、味さえ良ければいいと、どんと料理を出す。一方、レストラン橋下は綺麗《きれい》に盛りつけをして、少しずつ食べやすいように出す。山田食堂は潰《つぶ》れ、レストラン橋下は繁盛する」

第六章

国政に向けての動き

給与水準

二〇一一年末、市長に就任してすぐ、橋下徹は「大阪市営バスには年収七〇〇万円の運転手がいる」と赤字市営バスの高給与ぶりを問題視する発言をした。その報道を見た中田宏は自分が市長に就任した時のことを思い起こした。横浜市には年収一〇〇〇万円を超えるバスの運転手が二〇〇人以上いたのだ。

大阪市と横浜市の問題はよく似ている。

中田が市長に就任した時、前述のように横浜市のバス事業は年間三九億円の赤字を出していた。中田は調べてみると、他の私鉄が運営しているバス会社とは給与水準がまったく異なっていた。中田は「横浜市市営交通事業あり方検討委員会」を設置し、外部の力を借りて市営バスの経営の杜撰《ずさん》さを明らかにした。その上で市場原理からかけ離れた給与に対する市民の怒りを背にして、労働組合と運転手の勤務ローテーションを民間バス会社並みに見直すところから始めた。ところが、組合は強硬だった。

民間企業の組合は、業績が傾けば給与の減額どころか、職を失う恐ろしさを経営陣と共有している。ところが公務員組合は、どれだけ赤字が出たとしても、市が補塡すると安心しきっていた。

市民から高給ぶりを批判されようが、失職の恐れはないのだ。それでも中田は改革に熱心な局長を担当させて、粘り強く交渉させた。そして、ローテーション、さらに賃金の見直しを組合に認めさせた。以後、交通局でのバス運転手の採用は中止、一〇〇パーセント出資の子会社を設立し、一部の路線を業務委託した。こうした地道な努力で黒字化転換に成功したのだ。

一方、大阪維新の会は「職員基本条例」で府市職員の待遇に網を被《かぶ》せようとした。「職員基本条例」の制定は「教育基本条例」と並んで、大阪府知事、市長選挙で大阪維新の会が掲げていた公約である。教育基本条例と比較すると職員基本条例はそれほど注目は浴びなかった。しかし、これは中田が横浜市で手こずった問題点を解決できる画期的な条例だった。

職員基本条例には三つの柱がある。幹部公務員の公募。これまで横並びだった人事評価を五段階とすること。そして外郭団体への再就職、天下りの禁止である。

さらに、大阪市職員基本条例二四条二項にこんな規定がある。

〈職員の給与は、情勢適応の原則に基づき、民間の同一の職種又は相当する職種の給与の水準を参考にするものとする〉

市営バスならば、民間バス会社と同等の給与水準にしなければならない。

実は地方公務員法第二四条三項にも、

〈職員の給与は、生計費並びに国及び他の地方公共団体の職員並びに民間事業の従事者の給与その他の事情を考慮して定められなければならない〉

という規定はあった。

しかし、「民間事業の従事者」として比較されていたのは、「同一の職種」ではなく、まったく別業種の一部上場企業ばかりだった。市職員の給与を高く保つため、故意に高給与の企業と比較していたのだ。これが法の抜け道を見逃さない、公務員の〝知恵〟である。そこで、職員基本条例二四条三項では、

〈人事委員会は、民間事業者における給与水準及び勤務条件の実態を把握するため、直近の賃金構造基本統計調査規則（昭和三九年労働省令第8号）第1条に規定する調査その他公共的団体が行う賃金等に関する調査を参考として活用しなければならない〉

と賃金構造基本統計調査を基に民間の給料の平均を出し、公務員の給料を決定するという方針を打ち出している。

また、三九条では、勤務している事業が民営化された場合、解雇される可能性があると定めている。市営地下鉄、市営バス、水道事業などの民営化も橋下の公約だった。

こうした条例を府でも市でも成立させることができたのは、大阪維新の会が府議会、市議会で過半数を獲得していたからである。

大阪市には横浜市よりも濃く、深い闇もあった。

二〇一一年三月、大阪市の生活保護受給者が一五万人を突破した。大阪市の受給率は五・六三パーセント、市民の一八人に一人が受給者という異常な数字である。二〇一一年度の予算のうち

生活保護費の割合は一般会計の一七パーセント、過去最高の二九一六億円を計上していた。

これは単なる貧困が原因ではない。

東京の山谷《さんや》、横浜の寿町《ことぶきちょう》、そして大阪のあいりん地区という「三大ドヤ街」、「三大寄せ場」と呼ばれる地区がある。ドヤとは簡易宿泊所、寄せ場は日雇い労働者が仕事を求めて集まる場所のことを指す。中田は、寿町の生活保護申請の数が多いことに気がつき、調べさせたことがあった。地方では近隣住民の目があるから生活保護は受けにくい。そのため、都市に出てきて生活保護申請をすることが多い。加えて〝貧困ビジネス〟が存在していた。寿町に集まった人々に、自分たちが生活保護を申請してやると誘い、狭い部屋で生活させて上前《うわまえ》をはねるのだ。

大阪のあいりん地区のある西成《にしなり》区では、一九九五年に八八六一人だった生活保護申請者が、二〇〇四年には二万四二六人へと膨《ふく》れあがり、増え続けている。

こうした貧困ビジネスと対峙《たいじ》するには力が必要である。ところが、横浜市は神奈川県警、大阪市は大阪府警の管轄となる。県警、府警は、それぞれ神奈川県庁、大阪府庁の下に置かれている。つまり、横浜市と大阪市には警察を動かす権限はない。

これも二重行政の弊害の一つである。現在の警察制度は第二次世界大戦後の占領下に整備されている。連合国軍総司令部は日本の戦時体制を実質的に支えたのは、警察権を握っていた内務省だと考えた。そのため内務省は解体され、警察は各地方自治体に振り分けられた。戦後半世紀以上が経ち、実情が変わっているのにもかかわらず、警察制度は放置されていた。橋下は西成区を特区として、あいりん地区周辺に編入してくる子育て世代を対象に市民税や固定資産税を一定期間免除するなどの優遇措置を盛り込んだ西成特区構想を検討していた。これを実現するには、警察権を保持していなければできない。大阪府と大阪市の統合、大阪都構想が不可欠だった。

公募区長

二〇一二年二月九日、大阪市役所の会議室の扉を開けると、八つの段ボール箱が積み上げられていた。中にはぎっしりと公募区長の応募書類が詰まっていた。中田は自分が引き受けた仕事の量を思い知った。

一月一一日に締め切った公募には一四六一人もの応募があり、五五人が女性だった。定年退職組が多く、元市長、元町長、公務員、会社経営者などの他、僧侶、個人商店経営者、俳優と様々な経歴を持つ人間が集まっていた。

大阪市の職員が手分けして下読みを終え、半分に分けられていた。しかし、こぼれ落ちた人間もいるだろう。下読みで外された書類も中田は目を通すつもりだった。

書類には職歴等の個人情報が含まれている。そのため、大阪市役所の会議室を借りて、そこで審査することになっていた。

応募書類のうち、最も大切なのは、〈区政の課題とその解決策について〉と〈課題解決に向けた構想〉の二つの論文である。双方、文字数制限を設けていなかった。

まずは二、三枚と短いもの、逆に一〇〇枚と多いものについては、一読した後、外した。区政をどうするか、それほど短く書けるはずもない。また長すぎるのは、自分の考えを整理できていないということだ。また、手書きのものも落とした。これから仕事をする上で、パソコン使用は必須となる。

気がつくと一時間が経過していた。まだ十数人ほどの応募書類しか読めていない。この日は五時間ほど会議室に籠《こ》もるつもりだったが、とても一〇〇人にも届かないだろう。一四〇〇人強の書類をすべて読むだけでもどれだけ時間がかかることやら、と気が遠くなった。

数十人の応募書類を読んだところで、中田なりの評価基準が固まった。区民に対するサービスを増やします、コストを削減しますというのは、全員が書いてきている。ただ、これからの行政を考えた時に大切なのは、どうやって市民の協力を得ていくのか、である。区民の満足度を高めるにしても、コストを削るにしても、区民がどう参加するかが問題になる。その視点が書かれている書類を残すことにした。

評価基準が定まり選考の速度は少し上がったが、それでも一時間当たり、二〇人から三〇人の原稿を読むのが限界だった。部屋の空気は乾燥していた。紙をめくっていると指から脂《あぶら》が失われる。内容に熱中して雑に紙をめくった時、指先を切ってしまったこともあった。

この日の夜、橋下から食事に誘われていた。大阪では橋下から場所を指定されることが多かった。この日はイタリアンレストランだった。

「男二人でイタリアンとはね」

中田の言葉に橋下は笑った。二人でテーブルを囲み、ワインを頼んだ。区長公募と並行して、もう一つの公募が進んでいた。前日の二月一〇日は、維新政治塾の入塾申し込み締め切り日だった。こちらの応募者数は三四〇〇人を超えていた。大阪維新の会の熱気が人を呼び集めていた。中田も「ぼくも応募しました。宜しくお願いします」と既存政党所属の県議会議員、市議会議員から声を掛けられたこともあった。

維新政治塾には二つの意味がある。一つは橋下たちの考えを伝えること。そしてもう一つは、次の衆議院総選挙の候補者選考である。もちろん大阪維新の会の行動に共感した人間だけでなく、維新の会の名前を使えば国会議員になれると計算する人間まで集まっていることは予想された。

中田は日本新党で候補者公募に携わった経験がある。これは日本の政党として初めての候補者公募だったが、これまで既存政党がすくい取ることのできなかった有為な人から、注意を要する人まで玉石混淆《ぎょくせきこんこう》だな、と中田は事務員の一人として冷静に見ていた。この時、自分が出馬するとは思っていなかったのだ。今回の大阪維新の会も事情は同じである。三四〇〇人を超える人間からどのように絞っていくか、だった。

以前から橋下は「途中でどんどんふるいにかけていく」という方針を口にしていた。

「まず箸にも棒にもかからない人を落として一〇〇〇人にします。その後、塾生同士のディベートや街頭演説で適性を見ていくというのではどうでしょう」

中田の頭に区長公募の書類が入った段ボール箱が浮かんだ。応募書類には皆それなりの経歴や考えを書いてくる。しかし、それだけでは資質を判断するのは難しい。人前で話をすれば、物事をどれだけ深く考えているかを問われる。詳しく説明を求められた際、その対応で普段から何を考えているのか、どれだけの引き出しを持っているかも分かる。

「賛成です。さらに言えば、街頭演説をやるには、様々な準備も必要ですよね。そうした準備への関わりも含めて、全人格的に審査していくことができます」

橋下はその審査員に大阪維新の会の府議会議員や市議会議員を充てるつもりだった。国会議員候補を審査することは、府議会議員と市議会議員にとっても励みになるだろう。国会議員を政党のヒエラルキーの最上位に置いた既存政党とは逆の考え方である。

一通り維新政治塾の話が終わると、本題に入った。わざわざ橋下が二人きりで会いたいと声を掛けたのは、外交、安全保障について話をするためだった。

「これから専門家に話を聞くつもりです。その前に、中田さんと議論をしようと思って」

大阪維新の会は外交、安全保障に弱い。それも無理はない。大阪維新の会は、大阪都構想を実現するために作られた地域政党である。今後、国政進出には、外交、安全保障の論議は避けられない。こうした大切な問題を自分に頼ってくれたことが中田は率直に嬉《うれ》しかった。

中田の基本は、日米同盟の堅守《けんしゅ》である。日米同盟を基軸として、オーストラリアを加えて、新たな太平洋安全保障体制を整える。普天間基地については、二〇〇六年四月に日米で合意した辺《へ》野古《のこ》沖埋め立て案を確実に進めること、そして、日米地位協定を日本側、特に沖縄の人が納得できる形に改めること。橋下も同じ意見だと頷《うなず》いた。

尖閣諸島、竹島、そしてロシアとの北方領土について、橋下は領有権を主張しつつも、まずは漁業権、資源の共同利用ができないかと考えていた。だが領土問題は、歴史の積み重ねがあり、それぞれの国内事情に強く影響される。「中国、韓国、ロシアを一つで括《くく》るのは非現実的ですよ」と中田は返した。

領土問題は突き詰めれば、利権と尊厳《そんげん》である。

周囲を海に囲まれた日本の場合は、周辺海域の漁業権、そして地下資源の利用権となる。橋下は、いかにこの二つの利権を利用するかに重きを置いていた。一方の中田は愛国者であると自認している。尖閣諸島での中国公船の威嚇《いかく》行動の報道を見ると、一日の機嫌が悪くなるほどである。そこに利権があろうがなかろうが、侵されてはならない尊厳だと考えている。とはいえ橋下も資源がなければ他国に譲歩してもいいと考えているのではないだろう。が、言葉遣いによっては誤解されるかもしれないという危惧《きぐ》を中田は持った。

このときの会合ではっきりとしたのは、橋下はまだ外交関係には確固たる信念を持っておらず、様々な意見に耳を傾け、議論を必要としていたことだ。橋下が失言することを待っている人間はたくさんいる。確信がない状態では論議もできない。自分の考えをまとめるためにも話をしたかったのだろうと中田は理解した。

翌日、中田は支援者たちと伊勢神宮に参拝した後、大阪に戻った。この日の夕食には橋下の他、松井一郎、浅田均が加わった。

皆が席に着くと、橋下は中田の顔を見た。

「維新塾についてですが、昨日話した通りです。変わったところは、一〇〇〇人ほどを落として五班に分けること」

昨日、中田と話し合った内容を、松井、浅田と検討したようだった。

「府議や市議がチューター（講師）を務めて、五月末までの五回の講座で一度ふるいにかけます。さらに六月に中間選考。その後、選挙があろうがなかろうが、一年間は続けていきます」

講師として中田の他、竹中平蔵、高橋《たかはし》洋《よう》一《いち》、堺屋《さかいや》太一《たいち》の名前を挙げた。

「中田さん、その他に経済、外交、安全保障、社会保障でいい講師がいれば推薦してください」

維新政治塾と並行して、政策集「維新八策」をまとめる作業に入っていた。中田は山田宏たちとまとめた「21世紀日本プライド構想」を橋下に渡していた。道州制はもちろん、首相公選制度も維新八策の中に取り入れられることになっていた。安全保障についても、「プライド構想」に近いものになるだろうと思っていた。

これまで橋下とは何度も打ち合わせ、食事をしていたが、二日間連続というのは初めてだった。

橋下は人付き合いが淡泊なところがある。その橋下が、二日間連続して三時間以上話をしたのだ。

中田は心地良い酔いを感じていた。橋下たちと別れた後、中田は妻の詠子に電話を掛けた。

「この二日間で橋下さんがぼくのことをかなり信頼していることがわかった。これはもう彼と心中するくらいのつもりでやらないといけないと思った。橋下さんと一緒に進むということは、世の中を敵にすることも多いだろうし、彼の打ち出す過激な政策を勉強しなければならなくなる。彼の荒っぽい言動を解説することにもなると思う」

しかし、純情なところのある中田と違って、橋下は一筋縄ではいかなかった——。

レバレッジ

大阪市特別顧問となった中田は頻繁に大阪を訪れるようになった。書類選考の他、特別区移行の会議もあった。橋下とも顔を頻繁に合わせるようになり、これまで以上に彼の素顔を少しずつ知るようになった。

二月末のことだった。

「お昼でも食べましょうか?」

特別区移行の打ち合わせが一段落し、橋下は中田の顔を見た。大阪市役所の五階にある市長室の時計は昼過ぎを指していた。この日、中田は朝に飛行機で大阪入りしていた。午前中から始まった打ち合わせは白熱し、あっという間に時間が過ぎ去っていた。

「地下の食堂から、うどんなんかどうですか？」

「いいですね。市長はどうしますか？」

「チキンラーメンにします」

「じゃ、ぼくもそれでいいです」

　橋下は大袈裟に驚いた顔をした。

「いいんですか？　チキンラーメンですよ？　カップに入った」

　その言葉で中田は自分が誤解していたことに気がついた。「食堂から」というので、大阪市役所の地下食堂に、チキンラーメンというメニューがあると思っていたのだ。

「ぼくもチキンラーメンでいいですよ」

　中田の言葉に、橋下は意外な顔をした。中田は普段から食に気をつかっていた。朝晩は打ち合わせを兼ねた食事会が入ることが多い。そのため昼間はサラダのみ、もしくは野菜ジュースで済ませる。夕食も野菜を大めに、できるだけ炭水化物を控えていた。週に一回程度はジムに籠《こ》もって身体を鍛え、学生時代のスーツをいまだに着ることができるのが中田の自慢でもあった。インスタント食品を口にすることはなかった。

「あのカップに入ったラーメンですよ？」

「いいですよ。滅多に食べる機会もないでしょうから、一緒に食べましょう」

しばらくして、お湯が注がれた二つのチキンラーメンがテーブルに運ばれてきた。

「子どもの頃から、これが大好きでね」

橋下は嬉しそうにカップの蓋をめくった。世間の注目を集めている男とインスタントラーメンの取り合わせが妙におかしかった。

インスタントラーメンに限らず、橋下はジャンクフードが大好きだった。

「仕事が終わって、家に帰ったら、ビールを飲みながらおかきを食べまくるんです」

「八〇〇円のどでかいサイズのポテトチップを牛乳と一緒に食べると旨《うま》いっすよね。コンソメ味のポテトチップスと牛乳の取り合わせが昔から大好きなんですよ」

こういう飾り気のなさが、大阪の人間の心を摑《つか》むのかもしれないと中田は思った。

三月五日、公募区長の書類最終選考が行われた。中田の他、泉佐野《いずみさの》市長の千代松大耕《ちよまつひろやす》、市役所の総務局長と市民局長が応募書類を読み、それぞれが通過者を選んでいた。その中から、橋下、中田、千代松の三人で六時間かけて一次面接に進む通過者一一八人を決めた。一次面接は元経済産業省の古賀茂明《こがしげあき》など外部有識者と市役所局長が担当、最終面接を再び中田、千代松、橋下らで行うことになっていた。

国政に向けての動きも進んでいた。

三月一〇日、大阪維新の会は全体会議を開き、次の衆議院総選挙の公約となる「維新八策」の叩き台を発表している。維新八策を中心になってまとめていたのは浅田である。今回の叩き台には、大阪都構想、道州制、職員基本条例など二月に発表した骨格に加えて、憲法九条改正を問う国民投票、最低生活保障制度の創設などが新たに盛り込まれていた。これを基に二四日に開講する維新政治塾や党内で議論することになっていた。

その維新政治塾は書類審査で二〇〇〇人に絞っていた。二〇〇〇人は五〇〇人ずつ、四組に分けられた。三月二四日の初回講義は、中田と堺屋が二組ずつ担当することになった。

通常の講演で中田は原稿を用意しない。話す内容を箇条書きしたメモを手元に置いて聴衆の顔を見ながら自分の言葉で話していくことを心がけている。しかしこの日の講義に関しては、事前に話すべきことをまとめた抄録を作った。一時間という限られた時間の中で、話さなければならないことは多い。話すべきことを忘れないように書き出しておこうと思ったのだ。首相公選制、道州制、横浜市の行政改革、大阪都構想、基本的な考えを伝えておくつもりだった。

初回講義ということもあるだろう。話を真剣に聴いていることが中田に伝わった。

「政治家なんて生半可な気持ちでやるものじゃない」

講義の最後に中田は声に力を入れた。

「今日の政治を立て直すと言っても簡単じゃない。我々が価値観を共有して行動を起こせば、単なる抵抗ではなく、誹謗中傷《ひぼうちゅうしょう》、罵詈雑言《ばりぞうごん》を浴びることになるだろう。そういう意味では、今我々と共に政治に身を投じるということは、あえて火中《かちゅう》の栗を拾うということ。待遇が良くて楽ちんで美味《おい》しい稼業の政治家を求めているわけではない。よほど覚悟してもらわなければ駄目だ」

維新政治塾は五月末までに五回の講義が予定されていた。毎回講義終了後にレポート提出を課し、一〇〇〇人ほどに絞る予定だった。

どこまで覚悟のある人間が残るかだった。政治の世界では力が力を生むという原理がある。将来の首相候補として名前を挙げられるようになった橋下を利用しようとする人間が増えていた。

大阪府知事、大阪市長のダブル選挙で松井と橋下が当選した直後、ある国会議員が維新の会の事務所に電話を入れてきたことがあった。

「東京の維新の会は私がやるので、橋下さんと会わせて欲しい」

維新の会の考えに共鳴しているかどうかは分からない。ただ、他の国会議員に先駆けて言い出せば主導権を取ることができるという下心が見え見えだった。

中田のところにも国会議員に限らず「橋下と繋《つな》いで欲しい」という連絡が次々と入った。中田は橋下の秘書に話を通すこともあるし、そのまま断ることもあった。ここに永田町と接点のなかった橋下の強みがあった。

「ぼく、それは無理です」

しがらみがない橋下なら素っ気なく断ることができるのだ。

また大阪と東京という距離が適度な緩衝《かんしょう》地帯となっていた。東京にいれば「ちょっと顔を出してくれ」あるいは「俺が行くから会ってくれ」と気軽に言いやすい。言われた方は、断ると角が立つ。しかし、大阪にいる橋下は時間が合わない、忙しいと逃げ切ることもできた。

中田が模索していたのは、自民党、民主党の意見を同じくする国会議員の結集だった。中田は「レバレッジ」という言葉をしばしば使った。レバレッジは「てこの作用」の意味で、金融用語では所持金よりも多くの為替取引をすることを指す。橋下と維新の会を大きく見せれば見せて、影響力を行使する。橋下徹という爆発力でレバレッジの力を効かせて、安倍晋三、石破茂、野田佳彦、前原誠司、渡辺喜美、そして石原慎太郎――こういった人たちを念頭に、様々な組み合わせを考えた。

いわば平成の保守合同である。

「五五年体制」と呼ばれるように現在の自由民主党は、一九五五年に自由党と民主党が合併してできた。今の日本を建て直すには、強い基盤を持った保守政権が必要であると中田は考えていた。中田が「保守」という言葉を使う時には、狭義と広義の二つがある。狭義の保守については「皇室の存在を尊重し、その国体を元に日本の秩序を守ること。そして、日本の良き部分を肯定する」と説明している。広義の保守は、より実際的である。

「日本という国をグローバリゼーションの中で伍《ご》していくように舵《かじ》取りしていくこと。日本の企業が競争力をつけて外に出て行くためには国内の規制緩和が必要になる。こうした政策を実現できる基盤が今日的に求められている保守政治である」

その政界再編を成し遂げるための、創新党、そして維新の会だった。

橋下と中田はある夜、こんな話をしたことがある。

「ねえ、中田さん、どうして政治家って、みんな長くやりたいって思うんでしょう？　真面目にやれば嫌われることばかり。とても子どもに引き継がそうになんて思いませんよね」

他に誰もやらないから、自分たちがやっている。そしてやることをやったら辞めると橋下は言い切った。

「ぼくも同じ。やることをやったらさっさと辞めよう」

と中田も返したものだった。

「ま〜っ、やることをやって変わらなかったら、ぼくは辞めますよ。これで駄目ならば、日本は終わりですよ」

橋下はこう言うこともあった。

「大阪の改革が駄目になって辞めたら、（自宅のある）豊中《とよなか》に引きこもって私利私欲のために生きます」

弁護士としても、売れっ子テレビタレントとしても金を稼ぎ続けることは可能だったろう。その彼がわざわざ政治の世界に足を突っ込んでいるのだ。もはや橋下の政治家としての資質を中田は疑っていなかった。

橋下はしばしば、「政治とは数である」「権力闘争」という言葉を使った。目的のために戦いを辞《じ》さないのが橋下の本質である。当初中田はこれには素直に頷けなかった。中田が衆議院議員に初当選した頃、国会には田中角栄以来の自民党政治が色濃く残っていた。彼らは、政治とは数であるという論理ですべてを押し切ってきた。もちろん橋下の「政治とは数である」には、議論を尽くして決しない場合は多数決によるという前提条件がある。それでも、中田は「政治は数である」と言い切りたくはなかったのだ。

しかし、ある時期から橋下の言葉を正直だと思うようになった。確かに政治は数で片をつけなければならない。

横浜市会で中田は多勢に無勢だった。だから片をつければ負けてしまう。負けてしまうと物事が前に進まない。そのことを常に恐れていた。ところが橋下は違った。大阪府庁舎のＷＴＣへの移転は府議会で一度は否決された。負けである。しかし、この負けで既成政党では問題を解決できないことも露呈した。これが大阪維新の会に繋がったのだ。そして数を集めて、再び勝負を挑んだ。負けることを恐れず、片をつけるという橋下の姿勢には見習うところがあった。

第七章

政局からの距離

脱原発

大阪都構想が一段落し、橋下徹は国政に必要な知見を貪欲《どんよく》に吸収しようとしていた。橋下から頼まれて、中田宏は竹中平蔵との会食の席を設けたこともあった。

竹中は一橋大学経済学部卒業後、日本開発銀行（現日本政策投資銀行）に入行。大阪大学助教授、ハーバード大学客員准教授などを経て、二〇〇一年に小泉純一郎内閣の経済財政政策担当大臣に就任した。その後、金融担当大臣、経済財政政策・郵政民営化担当大臣、総務大臣などを歴任している。中田は横浜市長時代から親しく、共著で本を出版したこともある。

竹中から教えられた「改革者は皆不幸である」というミハイル・ゴルバチョフの言葉が中田の心の支えとなったこともあった。改革を行えば、必ず反発がある。改革を行った場所では正当に評価をされることが少ないという意味だった。

橋下も竹中と面識はあったが、より近い中田に間に入ってくれと頼んだのだ。

中田が所用で遅れてホテルのレストランに到着すると、橋下は「もう竹中さんの一言で終わっちゃいましたよ」と愛嬌《あいきょう》のある笑い顔をした。

橋下は維新八策に組み入れる経済政策、税制について模索していた。その一つが経済を活性化するため流動性のない資産への課税だった。竹中にその案をぶつけると「税の大原則に反します」と即座に否定されたという。

以前から中田は竹中から経済について教えを受けているものの、財政、税は得意分野ではない。橋下も同じだろう。それでも怖《お》じることなく質問を次々とぶつけた。

「やっぱり浅はかな考えじゃ駄目ですね」

こうして自分の知識のなさをはっきりと認めるところが、橋下の強さ、逞《たくま》しさであった。三人は場所をバーの個室に移した。話は、小泉政権時代の話になった。小泉は竹中たちを集めて定期的に政策の確認をしていたという。小泉の考えに、信頼できる人間が忌憚《きたん》のない意見を出して、質を高めていくという会議だった。毎週日曜日に行っていたが、五年間一度も会議の存在が露呈したことはなかったと竹中は笑った。小泉はこの政策論議をいつも楽しんでいたという。

「橋下さんにとって、戦略を確認するメンバーは誰ですか?」

竹中がふと思いついたように尋ねた。

「中田さん、松井府知事、浅田議長、そんなところですかね」

橋下は躊躇《ちゅうちょ》なく答えた。中田は自分が橋下の輪の中に入っているのだと自覚した。

時計は一時を過ぎようとしていた。バーの閉店の時間となっていた。そろそろ引き揚げる時間だった。

「ぼくは学生にこんなふうに言うことがあるんです。人のやったことに反対したければ、三つのやり方があると」

竹中は慶應義塾大学で教鞭を執っていた。

「一つは真逆のことで否定すること。何かを決めれば拙速《せっそく》だと批判する。決めなければ、決断ができないと言う。二つ目は普遍的な誰にでも受け容れられることで否定すること。たとえば自由、あるいは民主的な運営をせよと言う。三つ目はレッテルを貼ること。あいつは米国の犬だというふうにね」

竹中はにっこりと笑った。

「この三つに共通するのは、反対だけで対案がないこと」

竹中もまた様々な批判を受けてきた男だった。中田や橋下に対する彼なりの励ましの言葉だった。

橋下は中田をはじめとした特別顧問などの政治任用者を信用していた。橋下はこの人に会った方がいいと中田が名前を口にすると、「じゃあ、すぐにセッティングをお願いします」と即答した。それは橋下が主張する政策と正反対に見える立場の人間に対しても変わらなかった。

橋下がこだわっていた政策の一つに原子力発電がある。二〇一二年四月一三日、政府が関西電力大飯原子力発電所三、四号機の再稼働を決めたことで、「民主党政権を倒すしかない。次の選挙の時に代わってもらう」と衆議院総選挙で脱原発を政策として取り上げることを明らかにした。

そして、翌一四日には「独立性の高い規制庁の設立」「事故発生を前提とした防災計画と危機管理体制の構築」「電力需給の徹底検証」などの再稼働の八つの条件を出していた。

中田もこの発言には賛成だった。科学的な裏付けがないまま大飯原発は安全に問題ないと政治家が判断してはならない。原子力の専門家ではない政治家が、安全性を保証できるはずがない。政治家がやるべきは電力会社の体質を変えることだと考えていた。

電力会社役員の報酬は約一億円すれすれに留めている。金融庁は上場企業に役員報酬が一億円以上の場合、氏名の公表を義務づけている。だからそれを超えないように設定しているというのだ。この姑息《こそく》な発想が電力会社の体質を表していた。そうした人件費をはじめとした経費を積み上げて、電気料金を決めている。日本では電力会社は各地域の独占企業体である。横浜市営バスのように市場原理が働かない中で、公務員のような人間がすべてを取り仕切っているのだ。安全対策も含めて組織は緩みきっていることだろう。

電力会社——特に東京電力は日本最強の企業と呼ばれることもある。東京電力は、多数の事業所、社宅、従業員を抱えた、日本屈指の調達企業である。自動車企業などはもちろん、原材料、日常生活品、日本のほとんどすべての生産企業と関わりを持つため、東京電力は経済界で大きな力を持っている。また政界も長らく政権にあった自民党の有力議員は政治献金等で意のままとしてきた。民主党に対しても、全国電力関連産業労働組合総連合——通称、電力総連を使えば簡単に影響力を行使できる。さらにマスコミには多額の広告費で、学界には直接間接の研究費支援を行ってきた。しがらみのない大阪維新の会だからこそ、電力会社に対して強く出ることができた。

ただ、中田は橋下が脱原発に肩入れし過ぎるのを危惧していた。脱原発は重要ではあるが、すべてではない。脱原発にこだわり過ぎると、その他の問題を解決できなくなる。

そんな時、原発に賛成、反対に関わりなくこの人に話を聞いておいた方がいい、と知人からある人間に会うことを勧められた。橋下に電話を入れるとぜひ一緒に会いたいという。男の名前は奈良林直《ならばやしただし》と言った。

奈良林は北海道大学大学院工学研究院教授で、内閣府原子力安全委員会専門委員だった。原子炉工学を専門としている、いわゆる原発推進派に区分される学者である。脱原発を掲げる橋下が奈良林と会ったというだけで大騒ぎとなるだろう。そこで中田は奈良林に大阪まで来てもらうことにして、慎重に人目につかない場所を選んだ。橋下の合流が遅れ、予定より一時間遅れの夜八時頃から奈良林の話が始まった。奈良林はプロジェクターを用意し、約七〇枚ものスライドを使いながら話を進めた。

奈良林の話は以下の通りだ。

東京電力福島原発第一号機から四号機の事故は、しっかりとした事前検討や対策がなされていれば早期に収束できた。フランスやスイスでは、アメリカのスリーマイル、あるいはチェルノブイリ原発事故の教訓を生かして、冷却用電源を強化、放射性物質の拡散を防ぐフィルターベントを設置している。これと同じ対策をとっていれば、事故は防げた。また脱原発と言うのはやさしいが、太陽光や再生可能エネルギーだけでは原子力に置き換えるほど十分なエネルギーを賄《まかな》うことはできない。現在の主力である火力発電も二酸化炭素排出に対する規制で今後は行き詰まる。世界中、特に中国はこれからも原子力開発を続けていくことは確実である。今後日本の安全を確保するためにも、自国で原子力技術の研究を継続することは必要である。

以前から、中田も原子力発電は戦略的エネルギーでもあると橋下に言い続けてきた。中国で原発事故が起こった時に、日本にそれに対応する技術がなければ、被害は甚大なものになる。

「日本の最大の原油輸入元は、サウジアラビアです。サウジの原油の生産量は直近一〇年の実績平均で年率二・一パーセントで伸びています。一方、人口増や経済発展で、サウジの消費量は年率八・七パーセント伸びています。このまま消費が伸びるかどうかは分かりませんが、計算上では十数年後の二〇二八年にサウジでは石油生産量と自国での消費量が並ぶ計算になります。そうなると日本に輸出できません。UAEも事情は同じです」

と奈良林は資源の残量を考えても、原発技術を今の段階ですべて捨てることは得策ではないと話した。

橋下はほとんどメモを取らない。話をすべて理解しようとするよりも、自分の頭の中にある疑問に反応する事項だけを聞いているのだ。橋下が知りたかったのは、技術者たちが安全対策を準備できなかった理由、そして事故処理がどうして進まないのかということだった。橋下は奈良林が使った専門用語を使いながら質問を返した。こうした反射神経はさすがだった。

「この機会に電力供給体制を徹底的に見直して、安全を競い合うような体制を作る。独占企業体で安全性が高まることはあり得ない」

というのがこの日の中田と橋下の結論だった。

今後、太陽光エネルギー開発を含めた再生可能エネルギーに重点を置くべきである。安全なエネルギー供給技術は、日本の輸出産業となり得る。しかし、再生可能エネルギーは現時点で全体の一パーセント程度に過ぎない。今年、来年で再生可能エネルギーがいきなり増えることはあり得ない。現実的な脱原発を唱えるべきであると中田は考えていた。橋下と考えの摺《す》り合わせができたという手応えがあった。

この日、奈良林との会合は日付を越えて、深夜一時過ぎにまで及んだ。中田は橋下と現在の政局について話をしたいと思っていたので残念だった。今週末に日程調節をしようという話になったが、橋下はあまり乗り気ではないようだった。中田はその顔つきが妙に頭に残った。橋下の表情が意味することを、中田は四日後に知ることになる。

政局

中田と橋下は非常に距離は近いとしても、あくまでも大阪維新の会の人間ではないという立場を保ってきた。そのため、テレビ等に出演する際も、肩書きは「大阪維新の会と親しい大阪市特別顧問」であり、意見を求められると「大阪維新の会の考えはこうだろう」と第三者としての口調を守った。第三者として大阪維新の会の政策を解説した方が説得力があることが一つの理由だ。また、中田が政界再編を仕掛けるには、大阪維新の会の人間でない方がやりやすいという面もあった。自分は外部の人間だからこそ、橋下に不信感を持っている人間に話を聞いてもらえる。橋下、大阪維新の会の考えを説明し、このままだと日本は駄目になる、日本を変えるために彼らは必要なのだと中田は説いていった。

世間は五月の連休に入っていた。この日は日曜日ということもあり、午前中の予定を入れていなかった。遅めに目を覚まして、パソコンを開くと、橋下からのメールが入っていた。その内容を読んで、一気に目が覚めた。

前日、橋下に公募区長の選考についての連絡事項、そして政局の打ち合わせをしたいというメールを送っていた。その返事だった。

〈政局の打ち合わせですが、今の状況を考えて、ぼくは政局からはあえて距離を置くべきだと思います。そこには足を踏み入れず、まずは維新政治塾で価値観、メンバーを固める。今の段階で政局の話はやめておきましょう〉

一週間ほど前、松井から「総選挙の前に議員の引き抜きもしない」と突然言われたことがあった。みんなの党との協力関係を重視し、関西でだけ大阪維新の会の候補を立てるという方針となったようだった。

橋下のメールはこう続いていた。

〈維新の会に来る者は拒まないという方針は変わりません。来るべき時の判断をする感覚を誤らないために、ぼくは政局からとにかく離れます。どうしてもということならば松井知事とお願いします。ガラス細工のような舵《かじ》取りをしている今の状況をご理解ください〉

ガラス細工のような舵取りという表現は正しい。その時の大阪維新の会の動きについて外部から尋ねられたとしたら、中田も同じように答えるだろう。しかし、中田はもっと内側にいるつもりだったので、このような素っ気ない言い方がひっかかった。ただ、メールを読み返してみると、橋下の気持ちも理解できた。これから政局は二転三転するだろう。松井に一任という形にしておけば、方向転換もできる。はっきりと進む方向が決まるまでは、橋下自身が誰とも会わないというのは戦略として悪くない。そう受けとめた。

それにしても——橋下らしい突然の距離のとり方だった。

それからしばらく、中田は松井や浅田均とは打ち合わせを繰り返していたが、橋下とは会う機会がなかった。五月二〇日、公募区長の最終面接で久し振りに大阪市役所で顔を合わせることになった。メールから約一カ月が経とうとしていた。

面接は夕方五時半に終わり、その後中田と橋下は場所を変えて話をすることになった。

「維新の会の政策についてなんですが」と橋下が切り出した。

「根回し不要、すべて表で合意案件の協議をやるというのはどうですか?」

「すべて表で、とは？」

中田は聞き返した。

「各党代表が集まって、真剣に議論をする場を作る。ネットで中継をしてもいいですし。どこと組む、誰と組むという事前の根回しはなし。正真正銘、公開の場所で政策を戦わせて、中身を詰めていく。河村さん、みんなの党も政策を持ち寄って議論しましょう。河村さんたちは最近、減税と言わなくなっている。どんどん言ってもらいましょう」

橋下は中田たちと政策議論を交わし、その質を上げてきた。「減税日本」を立ち上げた河村たかし、みんなの党にも声を掛け、衆人環視の中でやろうというのだ。

「石原さんには、政策は維新の作ったものでいいとは言われているんです。でも、それでは駄目」

石原慎太郎と橋下は頻繁に連絡を取る仲になっていた。橋下は石原と組むことで、国政に大きな影響力を行使できるようになると考えていた。

「ところで、中田さんは創新党はどうするつもりですか？」

「再編の中で発展的解消がベストだと思っています」

ぼくもそれがいいと思いますと橋下は頷《うなず》いた。

「中田さんには次の総選挙では、維新の会の候補として大阪から出て欲しい。ただ、今、我々が考えなければならないのは大阪のことです。ここで国政の協議なんか始めたら、国民の支持は離れて、信頼されなくなりますよ」

国政は混沌としていた。

三月三〇日に野田内閣は消費増税法案を閣議決定、国会に提出した。ところが国会審議の場を設けるまでに一カ月を要した。民主党の首脳陣は野田を支える気がなかったのだ。

事態を複雑にしたのは、政治資金規正法違反で被告となっていた小沢一郎が、四月二六日に東京地裁で無罪判決を受けたことだ。前年二月に小沢は起訴され、民主党から党員停止資格処分を受けていた。無罪判決を受けて、小沢に親しい輿石東たちは党員資格停止処分解除に動いていた。小沢は無罪判決後、消費税反対を口にし、「リーダーがきちんと決断し、責任を持って国民の生活が第一という旗印の下で力を合わせれば、必ずもう一度支持を取り戻せる」と野田を代表から下ろすと宣言した。

小沢は民主党代表時代の二〇〇七年に、自民党に連立を持ち掛けた際、消費増税に賛成している。増税の是非《ぜひ》は別にして、またもや小沢は政策を党内抗争に利用し、民主党を破壊しようとしていた。

野田が小沢と決別し、自民党との連立政権を組むという読みが永田町に流れていた。そこに大阪維新の会の国政進出がどう絡むのか――。

こうした状況の中、中田が考えていたのはもっと大きな政界再編である。だがそれには、いくつも不確定要素があった。

九月に自民党総裁選挙が予定されていた。安倍晋三、石破茂、そして石原慎太郎の息子の伸晃が立候補すると見られていた。安倍が総裁選に勝つ可能性は低い。敗れた場合、彼は自民党を割って出るという予想もあった。石原と橋下は密かに連絡を取り合っていた。石原は都知事を辞して、維新の会に合流することになるだろう。しかし、伸晃が総裁になった場合、石原慎太郎の動向にも影響してくる。また石原が維新の会に合流するとしても、石原と近い国民新党やたちあがれ日本は行動を共にするのか。渡辺喜美の率いるみんなの党と維新の会は協力関係にあった。みんなの党と石原は共存できるのか——。すべてが不確定だ。

政策面で言えば、政府の関与を最低限として国民の自立を促すという小さな政府の考え、財政改革を進めるなど、みんなの党は維新の会と考え方が近い。この二つの提携は自然だった。ただ外交、安全保障については双方考え方がはっきりとしない。一方、たちあがれ日本は、旧来の自民党政治を歩んできた人間たちの集まりである。小さな政府という発想はない。道州制についても、中央の官庁から権限を取り上げることになるので、基本的には賛成ではないだろう。財政改革にも現時点では表だって反対していないが、抜本的に組織を変えることには抵抗があるはずだった。本来は維新の会とは相容れない部分が大きい。ただし、石原が維新の会に合流するならば、たちあがれ日本の国会議員たちも追従することになるだろう。

中田と石原は東京都知事、横浜市長と隣り合う首長であったが、ほとんど付き合いはない。そもそも石原は中田が横浜市長に立候補した際、現職の高秀秀信の応援に立った。

またその後、中田は国土交通省とやりあったことがあったが、その時に石原から苛立《いらだ》った調子の電話をもらったことがある。

横浜市は国交省の要請で、羽田空港国際化のための滑走路建設費の一部、一〇〇億円を貸付したことがあった。ところが、国交省には、国内線は羽田、国際線は成田という内際分離という方針があり、その方針を崩さずに羽田空港の国際化をしようとした。つまり、羽田発着の国内線の最長距離、一九四七キロを目安として、二〇〇〇キロ以内の目的地のみを、羽田空港発着の国際線として認めるというのだ。

そうなるとソウルや上海は二〇〇〇キロ以内に含まれるが、北京や台北、香港などアジアの多くの主要都市は外れることになる。これでは羽田の国際化とはとてもいえない。そもそもの話と違うと中田は抗議をしたが、国交省は前任者たちが決めた数字にこだわった。官僚の世界では、先輩が過去に決めたことを批判してはならないという掟《おきて》がある。そのため、現状に合わない制度が数多く生き延びていた。業を煮やした中田は、二〇〇七年度の支払い分を停めることにした。一〇〇億円は分割で貸し付けることになっていたのだ。こうして中田は国交省と向き合って、内際分離の方針を撤回させたのだが、それに対して石原は「最終的には自分がなんとかするから、あまり揉《も》めるな」と釘を刺してきたのだ。国交省については自分の方がよく分かっているのだろう。だから余計なことをするなということだった。石原の目に中田は生意気な若造と映っていたのだから余計なことをするなということだった。

また市長辞任後、選挙応援で石原と一緒になったことがある。石原は日本創新党を立ち上げた中田に対して、何を無駄なことをしているんだと言わんばかりの冷たい目で見た。勝ち目がないにもかかわらず、志を同じくする人間たちで政党を作るべきだという思いは石原には理解できなかったのかもしれない。

それでも中田は橋下に石原と組むべきだと勧めていた。時に世間の反発を招くことはあるにしても、石原の発言には説得力があった。その安定感は年の功とも言うべきものである。それこそ維新の会に欠けていたものだった。自分たちの年代では使うことのない重厚な言葉遣いも含めて中田は石原に対して尊敬の念があった。橋下は年上の人間の懐《ふところ》に飛び込むのが巧みである。彼ならば石原と折り合いを上手くつけることができるだろう。石原の経験と橋下の若さが組み合わされば面白いと考えていた。

センターピン

七月初旬に公募区長の選考は終わった。合格者を集めた会で橋下はこう挨拶した。

「皆さんは注目の高い公募区長に合格したということで、すでにメディアに色々と晒《さら》されています。過去にどんな発言をしてきたなどということは一切問うつもりはありません。これから公人として自覚を持ってやってもらえればいいのです」

ある区長が過去にツイッターで右翼を揶揄《やゆ》したり、〈菅直人前総理を殴る〉という主旨の書き込みをしたと報じられていた。そのことを受けての挨拶である。

「橋下なんていらないということになることが究極の目的。すべては住民に近い区長がやる行政にしてください」

そして中田を指さした。

「これからは中田特別顧問が皆さんの相談相手になります。彼の著書も読んでいるかもしれませんが、普通だったらお金を払って講演を聴かなければならない人の話を聴ける。すごいことです」

橋下は中田をちらりと見て、楽しそうに笑った。相変わらず人を乗せるのが上手かった。

「それでは、中田特別顧問、思う存分講演してください」

橋下の挨拶は一〇分の予定だったが、三〇分ほどになっていた。すでに予定は遅れ気味だ。思う存分ではないだろうと思いながら立ち上がった。

組織を改革する場合は、すぐに手をつけること、そして小さなことでもいいので成果を出すこと。改革はその積み重ねであるという横浜市長時代の経験を話した。話が終わると、満面の笑顔の橋下が真っ先に拍手をした。時計を見ると予定の一〇分を三分だけ超えていた。会議の後、市長室で橋下から、特に民間出身者に対する研修プログラムの準備、サポート体制の打ち合わせを簡単に済ませた。

永田町の状況はさらに混沌としていた。

六月二六日に野田総理が政権の最重要案件と位置づけていた消費増税法案が衆議院本会議で可決された。しかし、民主党の小沢一郎ら五七人が反対票を投じた。民主党は離党届を提出した三七人を除籍処分とし、小沢は「国民の生活が第一」という新党を立ち上げた。大量離党で消費増税と共に提出した社会保障制度改革推進法案などの一体改革法案の可決には、自民党、公明党の協力が必要になった。自公は法案への協力の見返りに、解散総選挙を求めていた。鳩山由紀夫、菅直人と続いた民主党政権の支持率は落ちていた。さらに国民の不人気となる消費増税法案で、解散となれば民主党は大幅に議席を失うだろう。当然、民主党内は解散の先送りを求めていた。

そんな中、七月一〇日の記者会見で橋下の発言が大きな波紋を呼ぶことになった。野田総理の最近の政権運営について、「集団的自衛権の議論やＴＰＰへの参加表明など、当初言っていたことを着実に進めている」と評価したのだ。ＴＰＰとは環太平洋戦略的経済連携協定の略である。野田はＴＰＰ交渉参加に前向きな発言をしていた。

また、今後の政局について、

「首相の考え方に近い自民党の中堅、若手もいっぱいいると思う。このまま進めば、新しいグループができて、ものすごく支持率が上がる」

と橋下は政界再編を示唆した。原発再稼働で「民主党政権を倒すしかない」と発言した橋下は民主党とは敵対していると思われていただけに意外だと受け取られた。

この日、山田のところに野田からこんな電話が入っている。

「いつも橋下市長からは叱られているけど、今回はありがたいなぁ」

民主党の内部を抑えるのに汲々《きゅうきゅう》としていた野田にとって、橋下の言葉はよほど嬉しかったのだろう。山田は橋下に首相からこんな電話があったと留守番電話に入れておいた。すると翌日、電話があった。

「あっ、あれはぼくの本心です。野田さんはすごいですよね。政策的にはいくつか違うところはありますけれど、政策のセンターピンを次々と出していますよね」

「センターピン？」

「価値観の踏み絵を迫るテーマみたいなものです」

センターピンとはボウリングの先頭に立っているピンのことである。このピンを倒せば、後ろにあるピンも波状的に倒れる。橋下は影響力のある政策のたとえに使っていた。

「集団的自衛権、ＴＰＰに加えて、道州制と消費税の地方税化を打ち出してくれればばっちりですよね」

この日の定例の囲み取材では、このセンターピンという言葉をまた違った意味で使っている。

「物事を決めるセンターピンを持ってきて、右か左か国民に問う。野田さんはＴＰＰと集団的自衛権をセンターピンに持ってこられようとしているんじゃないですか？　それぞれの党の中で賛否が割れている問題ですから、価値観が整理されることになる」

この場合は、ＴＰＰと集団的自衛権に賛成するかどうか、その分岐点という意味だろう。一人の記者が橋下に「どうしてこの時期にこうした発言をするのか？」と質問した。橋下は、野田がＴＰＰと集団的自衛権に言及したからと答えたが、もちろんそれだけではない。政局とは一線を引きながらも橋下なりに政界再編を促す発言でもあったろう。

維新八策

八月の着任に向けて、区長研修が始まっていた。七月二五日、中田は研修に立ち会った後、市長室で橋下と顔を合わせた。

「いやぁ、色々とお騒がせしまして」

橋下は頭を下げた。「大変だったね」と中田は返した。前週、『週刊文春』に〈橋下徹はスチュワーデス姿の私と寝た！〉という見出しで元交際相手の告白記事が出ていた。それまで橋下は「馬鹿文春」と呼び、出鱈目《でたらめ》ばかり書いていると激しく批判していたが、この件については「知事になる前までは、聖人君子のような生き方をしていたわけではない」とあっさり認めていた。

「世間はいいんですけれど、家の方です」

「やっぱり相当怒ってる？」

「そりゃそうです」

橋下は酒を飲む時でも、「うちはおかあちゃんが怖いので」と女性のいる店を避けていたことを思い出した。

「知事になる前の話ですからねぇ。公人になる前は普通に飲みに行ったりしてましたもの」

記事が出た直後、「この報道に政治的思惑を感じるか」という質問に、橋下は「それに絡めるのはひきょうだ」と返した。この時期に大阪府知事就任前の女性関係を掘り返されたことの背景に、政治的な意図があるかどうかは分からない。ただ総選挙に向けて橋下が主要な登場人物の一人であり、潰《つぶ》したいと考えている人間は多数いることは間違いなかった。

中田は橋下と話し合わなければならないことがたくさんあった。しかし、この日は橋下は時間がないという。翌日の区長研修終了後の昼食を一緒にとる約束をして別れた。

翌日、市長室に行くと、テーブルの上にコンビニで売っているパック詰めのサラダが二人分用意されていた。

「中田さんを見習ってサラダにしました。この腹どうにもなんないですからね。写真見ると着ぐるみみたいです」

橋下は腹部を手で触った。橋下は食欲旺盛である。打ち合わせをしながら、酒を飲み、食事の量も多い。多忙な中、運動する時間はとれない。体重増は仕方がないことだろう。

「これでも週末に五〇〇グラム痩せたんですよ。違う理由ですけれどね」

週刊誌の記事を自嘲気味に笑った。

「最近、食べるのを抑えているんですか？」

「いやいや、昨日は家に帰って、ポテトチップを一袋食べて、それから鍋を食べながらビール二本です。駄目ですね」

橋下につられて中田も笑った。中田は笑いを収めて、永田町の動きについて話を始めた。やはり党首選で安倍が敗れる可能性が高いと見ている自民党議員が多かった。それを維新の会と結びつけて、政界再編はできないかと話した。

「その前に何とかならないですか？」

「安倍さんに言ってみますか？」

中田の言葉に橋下は首を横に振った。

「自分から出ないと駄目ですよ」

自分たちと合流するには、総裁選挙の前に安倍が自民党を離党すべきだと橋下は考えていた。

八月に入り、中田は週に一度の割合で着任した新しい区長たちの相談に乗る会議を開くことになった。これはサポートデスクと呼ばれるようになる。八月三日、その一回目の会議が大阪市役所で行われた。この日は中田の他、山田、橋下も出席した。橋下はサポートデスクを一八時までに必ず終えて欲しいと頼んでいた。この後に、「維新八策」の最終的な詰めを行うことになっていたのだ。

夜、ホテルの中華料理店で山田、そして松井と会食することになっていた。中田と親しい横浜中華街にいた料理長が大阪で働くことになったのだ。松井は予定より一時間遅れて中華料理店に到着した。

「今、『維新八策』を確定させてきました」

松井は席に着くなり、大きな声で言った。

松井によると、すでに発表してある道州制、首相公選、TPP、そして憲法九六条改正に加えて、国会議員定数削減、年金制度改革が含まれているという。憲法九六条とは、改憲に関する規定である。改憲の発議には衆参各議院の総議員の三分の二以上の賛成が必要とされている。維新八策では、これを二分の一以上とすることを盛り込んでいた。また、議員定数削減は松井が以前から口にしていたことだった。人口五〇万人に国会議員を一人という計算で二六〇議席に削減するという数字になっていた。維新八策の公開時期は「今はオリンピックをやっているので、誰も見ません。お盆明けになるでしょうね」と松井は言った。

「国会議員は今の政党を離党して、この維新八策を受け容れた上で、個人で参加することになります」

提携関係にあるみんなの党も同じで、党首の渡辺を含めて、あくまでも個人としての参加を求めるという。

「ところで、お二人はうちから出てくれるんでしょうね」

松井に問いかけられ、二人は頷いた。山田の顔をちらりと見て、中田は自分たちの立ち位置もようやく定まったと思った。日本創新党を解党して、日本維新の会に合流する覚悟を決める時が来ていた。

しかし、この約一カ月後、またも中田は橋下から突き放されることになる――。

第八章

大阪的な体質

日本維新の会

その夜は旧知の人間との会食の予定だった。中田宏は新横浜にある自分の事務所で取材を受けた後、会食の場所に出かけようと準備していると電話が鳴った。橋下徹からだった。前日、橋下の携帯電話に政局について打ち合わせしたいと伝言を残していたのだ。

「連日、新聞で報じられているように……」

中田が大阪維新の会の連携相手として連絡を取っていた複数の国会議員の動きを説明すると、橋下が生返事をしていることに気がついた。

「もうそういう働きかけはやめませんか？」

橋下は中田の言葉を遮《さえぎ》った。

「向こうにその気がないのに、こちらが色々と言っても仕方がありませんし。どうしても働きかけが必要ならば、こちらから直接やりますよ」

「もちろん、こちらとしても無理にという話はしていませんよ」

中田はむっとしながら返した。

衆議院総選挙前から国政の中での存在感を高めることができれば、有利に戦うことができるだろう。どの国会議員が大阪維新の会に合流するのか、人選が重要になってくる。ただし、国会議員にも所属政党や後援会など様々な事情がある。たとえ今回、大阪維新の会に合流できなくとも国政進出後に考え方を変える国会議員もいるだろう。そのために中田は橋下や松井一郎と連絡を取り合いながらやってきたつもりだった。それを中田が出しゃばった行動をしているかのように言われるのは心外だった。

「とにかく、本人たちの意志がないと動きませんから、待ちましょうよ」

「待つ、ですか？」

「そうです」

思い返せば前兆はあった。八月の半ばに会った際、橋下はしきりに「大阪の改革エンジンを吹かす」と繰り返し、「国政の話ばっかりになったら有権者から見放される」と強調した。一方で「総選挙になったら自民二〇〇、民主一〇〇、公明三〇、みんなの党三〇、維新の会は八〇という調査がありましたね」と世論調査も気にしていたが、ここに来て政局から距離を置こうと決めたようだった。大阪の人間は東京に対して強烈な対抗意識がある。中田の働きかけが露見すれば、国政に力点を置いていると、地元の大阪の支持さえ失うという怖さが橋下にあったのかもしれなかった。

気を取り直して中田は切り返した。

「私は今まで自分のことを一切言わず、大阪市政や維新に協力してきました。維新側として待つというのならば待ちます」

そして、「もし今後、改めて働きかけをする時は連絡をしてもらわないと困ります」と強い口調で付け加えた。

しかし、橋下は中田に動きを伝えるとはっきりとは答えなかった。橋下という男はこれまでの経緯や情のようなもので心を動かさないということはよく分かっている。それでも少しやり過ぎだろうと中田は思った。ただ、なるべく冷静に話そうという橋下の気遣いも感じた。国政の流れの中でどう動くか橋下なりに悩んでいるのかもしれない。ここで癇癪《かんしゃく》を起こしても仕方がない。中田は怒りを飲み込んだ。

翌日、再び橋下から電話があった。

「昨日は公用車の中からの電話だったので、もごもごした言い方ですいませんでした」

中田の昨日の言葉を踏まえて考え直したのか、「中田さんとはきちんと情報共有はします」と言った。現時点では未発表だという今後の日程を打診してきた。

「八月二八日に大阪都構想に必要な地方自治法改正法案が成立します。九月七日に国会が閉会した後、翌八日に維新の会が公開の場で討論会を開くことを正式決定します。その公開の討論会の開催は翌九日です。中田さんも参加してください」

参加予定者として、中田の他、山田宏、東国原英夫、愛知県知事の大村秀章《おおむらひであき》、そして国会議員の松浪健太《まつなみけんた》たちの名前を挙げた。

「この討論会を九月の土日を使って毎週のように開催します。メディアを入れたフルオープンでやる。参加したい人はどんどん来てくれればいい」

橋下は「綿菓子作戦です」と笑った。

「こちらで器を作って、合流する人間を待つのみ。この公開討論会で誰が維新の考えに賛成するのか、はっきりさせましょう。国会議員、有識者、呼んだ方がいい人がいればどんどん推薦してください」

質の高い論議をするならば、参加者は厳選しなければならない。中田は何人かの候補者をすぐに挙げた。

九月四日、この日の朝刊には、大阪維新の会が近く発足させる政党の名称が「日本維新の会」となり、近く行われる全体会議で国政進出を正式決定する、という報道が出ていた。この日、中田と山田は、都内で行われていた日本創新党の幹部会に臨んでいた。山田はその席上で党の将来について「発展的解消について話し合いたい」と口にした。中田は山田の言葉を受けて、日本維新の会への合流を示唆した。

「現時点で、創新党単体で選挙に臨むというのは現実的ではありません。連携相手を見つけて、力を合わせていくしかない」

そして、八月三一日に発表となった「維新八策」についてこう説明した。

「私は以前から大切なのは理念の実現である、それができれば創新党である必要はないと話してきました。この『維新八策』には山田さんと私が策定に関わっており、『「日本よい国」構想』という本のエッセンスが反映されています。この本で最も大切な部分は、国家の自立、地方の自立、個人の自立です。これが維新八策では、自立した国家、自立した地方、自立した国民と、見事に組み入れてくれています」

翌日の午後、中田は熊本へ移動することになっていた。羽田空港に向かう車の中で橋下からの留守番電話を聞いた。

日本維新の会の新たな体制についての説明だった。代表は橋下、幹事長は松井、政調会長は浅田均など、大阪維新の会の体制がそのまま横滑りする。

「中田さんにはこれまで以上に維新の会をどんどん外に向けて発信して欲しい。情報発信力で中田さんに敵《かな》う人はいない」

そして、「ただ」という言葉が続いた。

「中田さんは外交、安全保障については踏み込みすぎのところがあります。いわゆる右寄りの人という感じがある。今後どこまで発言するのか摺《す》り合わせしたいです」

橋下に折り返し電話を入れると、留守番電話となった。

「留守番電話の内容について承知しました。もとより国を再建するためにできることをやるつもりでした。その意味で必要ならば私は何でもやります。近々きちんと相談しましょう」

と中田は伝言を吹き込んだ。

公開討論会

九月九日、大阪市中央区にある「マイドーム大阪」は報道陣でごったがえしていた。前日、大阪維新の会は全体会議で、国政政党「日本維新の会」の立ち上げを正式に決めていた。全国で三五〇人程度の候補を擁立、衆議院で過半数を狙うと橋下は語った。発表の翌日ということで、報道受付には一〇〇社五〇〇人の長い列ができていた。

「中に入る時にはバッジを分かるところに着けて。じゃないと中に入れないよ」

入口で大男が威嚇《いかく》するような大声で怒鳴っていた。あまりに多くの報道陣が集まったせいか、苛立《いらだ》っているようだった。事前にメディアが大阪の事務局にこの会のことを問い合わせてもきちんとした情報提供はなかった。入れてやると言わんばかりの態度にひどく横柄《おうへい》な人間たちだなと、首をすくめる報道陣もいた。

会場の中も用意された椅子はごくわずかで、大多数は床に座り込んで討論会を聴くことになった。この日の参加者は、中田たち首長経験者、七人の国会議員、堺屋太一、古賀茂明、高橋洋一ら有識者に分けられていた。会は松井の挨拶から始まった。続いて橋下が挨拶に立つと一斉にカメラのシャッター音が鳴り響いた。

橋下は「リラックスモード、お見合い気分でお付き合い頂ければ」と場を和ませた。

この討論会は、日本維新の会への合流を希望する七人の国会議員の考えを試す場という意味合いがあると見られていた。議題は教育問題から始まった。広い会議室は冷房が効きすぎて寒いほどだった。記者たちは身を縮めながらメモを走らせた。愛知県知事の大村や名古屋市長の河村ひろしが長々と持論を話した。一時間、二時間と退屈な話が続くと、床に座った記者たちはこくりこくりと居眠りが目立つようになった。

中田は隣に座っている山田の顔が険しくなっているのに気がついた。この会の参加について、山田には正式な案内状がなかった。中田から「山田さんも来てくれって言っていましたよ」と連絡をもらい、時間と場所だけを聞かされただけだった。そもそも会の趣旨も山田には釈然としなかった。この会は日本維新の会に合流する人間を見極める会なのか。それでは、日本維新の会の人間ではない自分も審査されるのか。その審査は誰が行うのか。維新八策の作成に協力してきた自分たちにそういう対応をするとは、ずいぶん失礼な話だった。それでも会の議論が充実していればいいが、目の前ではそれぞれが勝手な話をしているだけだった。

「おい、俺は帰るぞ」

山田は中田に囁《ささや》いた。

「ここは、ぐっと我慢してください」

「もうここにいるのは嫌だよ」

注目を集める日本維新の会だけに、初回から分裂騒ぎと面白可笑《おか》しく書かれることは容易に予想できた。仕方がないと山田は観念して、時間が過ぎるのを待つことにした。始まってから三時間が過ぎた頃、司会を務める浅田が少子化問題について意見を求めた。多くの手が挙がり、自民党の松浪健太が当てられた。

「我々も実は『維新八策』について事前に話し合いをして、考え方はだいたい合わせてあります」

〝我々〟とはこの日出席していた七人の国会議員のことを指すようだった。中田は「個人参加が基本なんだから、我々っていう言い方はないですよね」と呟《つぶや》いた。

「お前、それを言えよ」

山田が苛々《いらいら》して返した。中田は、この会で波風は立てるべきではないと思っていたので、曖昧に頷《うなず》いた。話は道州制に移った。松浪はこうした議題になると予想していたのだろう。自分たちは「道州制型統治機構研究会」のメンバーである。これから分担して意見を話しますと、順番に話を始めた。

「ちょっといいですか?」

山田はたまらず手を挙げた。

「道州制研究会の方々がそれぞれ分担で意見を述べられるのはいいが、ここはそれぞれがどういう価値観を持っているのかを知る場で、道州制研究会と維新の会の集団同士の意見検討の場ではないと思う。それぞれに対して端的にどう思うか発言すべきだ。いつまでも七人の侍じゃあるまいし」

山田が声を荒げたのも、もっともだった。居眠りしていた記者たちは目を覚まし、立ち上がって前をのぞき込んだ。しかし、松浪は山田の発言を流してそのまま話を続けた。

結局、会場がざわついたのは、山田の発言だけだった。予定の五時間を超えて、六時間もの会議の内容は薄かった。

会議終了後、山田は「毎週日曜日、この会をやるつもりなので空けておいてください」と声を掛けられた。東京からわざわざ呼びつけておいて、こいつらは人の日曜日を何だと思っているのだと怒りがこみ上げてきた。こんな意味のない会議にはもう来ないよ――。心の中で呟きながら、憮然《ぶぜん》とした表情で会場を後にした。

翌日、橋下は七人の国会議員の日本維新の会への合流を認めた。本当に「維新八策」を受け容れるかどうかを審査するならば、TPPなどは当然詳しく論議すべきだった。この日出席した民主党の松野頼久《まつのよりひさ》は「TPPを慎重に考える会」の幹事長だったのだ。

公開討論会の三日後、九月一二日に日本維新の会は大阪市内で政治資金パーティーを開いた。中田は東京から駆けつけたが、山田は欠席した。パーティーには七人の衆参議員も出席した。橋下は「今日から全国でものすごい大戦《おおいくさ》が始まる。一緒に日本の新しい道をつくっていきたい」と語った。

組織の体

中田が担当する新しい区長のためのサポートデスクは大阪市役所内の会議室で、毎週金曜日の夕方四時半から一時間半というのが通例だった。

この日、九月一四日の金曜日は朝七時の飛行機で羽田から大阪に向かった。サポートデスクの前に橋下から「二人きりで話がしたい」と言われていたのだ。伊丹空港から大阪市内に向かう車の中のテレビでは、橋下が集団的自衛権を容認すると話している映像が流れていた。安全保障問題から距離を置く橋下には珍しいことだった。

世の中の注目は橋下本人が衆議院総選挙に出馬するか、どうかだった。あまり国政に関する案件について発言をすると、橋下自身が出馬せざるを得ない状況になると中田は懸念していた。もしかして、今日の話はそれに関連した話だろうかと思った。まさか橋下が総選挙に出るので、大阪市長をやって欲しいとでも言い出すのか――わざわざ二人きりと言うからには、何か重要な話であることは間違いない。橋下の行動は予想がつかないところがある。考えても仕方がないと中田は諦めることにした。

「中田さんにとって嫌気のさす話かもしれませんが、選挙前に聞いておいた方がいいかと思いまして」

　橋下は珍しく神妙な顔つきだった。

「横浜のマリンタワーについての話です」

　中田は口を無理やり開けさせられて、どす黒い何かを押し込まれたような気分になった。

　横浜マリンタワーは横浜市中区の山下公園近くにある全高一〇六メートルの灯台である。横浜港開港一〇〇周年を記念して一九六一年に開業。開業からしばらくは横浜の観光名所として多くの人を集めていた。しかし、中田が市長となった頃には、老朽化も進み、赤字が続いていた。そして二〇〇六年、氷川丸とともに横浜マリンタワーは営業終了した。

　このマリンタワーを管理運営していたのは、「氷川丸マリンタワー」という企業である。この企業には日本郵船が筆頭株主として五二・八パーセント、横浜市が一五・六パーセント、その他、神奈川県観光協会、三菱重工などが出資している。そして、マリンタワーの敷地の半分は横浜市、残りの半分は氷川丸マリンタワーが保有していた。横浜市は建設費の一部を負担することで建物一階部分の区分所有権者にもなっていた。こうした複雑な権利関係になっているため、マリンタワーを存続させるには、横浜市が買い取るしかなかった。そこで横浜市はすべての土地、建物を取得、約三一億円をかけて再整備することになった。

　柔軟な発想が必要な観光事業は民間に任せるべきであるというのが中田の考えである。再整備終了後、指定管理者制度を使って民間の運営者を公募することになった。指定管理者制度とは、小泉内閣の改革の一つで公的施設を民間事業者が運営管理する制度だった。マリンタワーには四つの企業の応募があった。大学教授たち六人で構成されるマリンタワー事業者選定委員会が提出された事業内容を検討し、横浜市の不動産業者「リスト」社に優先交渉権を与えた。交渉の結果、二〇〇七年六月にこのリストが運営事業者となっている

この選定を一部の市議会議員たちが問題視した。二〇〇七年三月に中田の政治団体にリストの社長夫妻からそれぞれ一五〇万円ずつ三〇〇万円の寄付があった。これを「事業者選定を有利に運ぶための賄賂《わいろ》である」と議員らは主張したのだ。

リストの社長に中田が面識があったことは事実である。ただ、業者選定は事業者選定委員会に任されており、首長には事実上権限はない。横浜市事業調整課は「選定委員会のメンバーは観光やまちづくりの専門で、市民感覚を持っていると思われる方を総合的に課独自で選んだ。最終決裁は局長まで、市長の人選への関与はまったくない」と正式に回答している。しかし、中田の退任後も快く思わない人間たちは、収賄《しゅうわい》で中田が逮捕されるという噂《うわさ》を流し続けていた。それが橋下の耳に入ったのだ。

「選定委員会の審査結果が恣意的で、中田さんが口を利いたという話を聞きました。中田さんを収賄で逮捕することを検察が諦めていないというんです。中田さんに限ってこんなことをしているとは思わないのですが、このまま付き合うのも嫌なので、松井さんと相談して直接聞くことになりました」

「ありがとう」

中田は頭を下げた。またもこの低レベルの話に付き合わなければならないのか――。中田は身体から力が抜ける気がした。

「この件は横浜市会で何度も説明しています。この件に限らず、ぼくは今まで一度も口利きをしたことはありません。一度でも中田からこの事業者にしてくれと言われたという横浜市役所の職員がいれば連れてきて欲しい」

橋下は公募に知り合いの事業者を入れることに問題はなかったかと尋ねた。

「横浜市は原則として誰もが応募できる一般競争入札に改革しました。そこで事前に公募に応じないようにと口を挟むのもおかしくありませんか？」

「プロポーザル方式に問題はなかったですか？」

プロポーザル方式とは、入札価格に加えて、使用企画を提出してもらって競わせるというものである。つまり単純な価格競争だけでなく、選定者の作為が入る可能性があったことを橋下は指摘したのだ。

「だから私は関わらないようにしていたわけで、選定委員会が決めたんです」

中田はうんざりした顔で答えた。

「事情はわかりました。問題はありません」

橋下は頷《うなず》いた。

いつまでもこんな馬鹿げたことを言われ続けるのだろう。もう嫌だ、政治から離れた方がいいのだろうかとも頭をよぎった。しかし、それこそが自分に悪意を持つ人間たちの目的であるのだと考え直した。

「ところで」

中田は気持ちを切り替えた。

「橋下さんと会った時に話をしなければならないと、ずっと考えていたことがあるんです」

それは維新の会の組織構成である。中田が維新の会に今一歩踏み込めなかったのは、大阪市特別顧問という職を全うすることだけではない。維新の会が組織の体をなしていないことが気になっていた。公開討論会にしても、わざわざ忙しい人間を東京から集めているにもかかわらず、議論は低調だった。どのような議題で進めるのか、多少なりの式次第があれば、もっと濃い話ができたはずだった。

その原因は維新の会の構成にある。橋下という長がいて、その下に松井と浅田がいる。それ以下はすべて並列というのが維新の会だった。現場で判断すべき部分と、橋下たちが判断する部分が整理されていない。それにより、様々な決定の遅延、連絡不行き届きが頻発していた。国政に進出すれば、仕事の量が激増するだろう。橋下の個人商店から株式会社へと模様替えしなければ、立ちゆかなくなるだろう。

特に候補者公認は松井に任されることになる。三〇〇人近い候補者を松井一人が対応するのは物理的にも無理である。組織として審査できる体制に変えるべきだと中田は考えていた。しかし、「それについては松井さんのところで一本化します」という返事だった。

橋下は維新の会の組織構成に問題があると感じていないようだった。これは大阪の特色が深く関わっているのかもしれない。一般的に大阪の人間は即興を重んじる。そして東京のように整然と物事を進めていくことを馬鹿にしている節がある。混沌《こんとん》として、適当なところが面白い。だから東京と違うものができるのだと考えている。その性格がよく出ているのは、テレビ番組制作である。台本をきちんと守る東京に対して、大阪では即興性に重きを置いている。まさにタレント時代の橋下が得意としていた手法だ。維新の会の極めて大阪的な体質が、関西圏で強く支持されていた。ただ、それを国政でも通用するだろうと押し通すのは無理があった。

合流

「俺のところにすごい抗議が来ている。このままじゃ党大会を乗り切れない。俺も維新の会に合流することはできないよ」

山田から電話が入ったのは、九月二四日の午前中のことだった。前日、日本維新の会の公開討論会が行われていた。この日の議題は外交、安全保障だった。中田は所用があり欠席、山田だけが出席していた。その場で、橋下は竹島に関して「共同管理の話に持っていくしかない」と発言した。竹島は韓国が実効支配しているものの、日本の領土であるというのが日本政府の公式見解だった。それにもかかわらず橋下は竹島を韓国領と認めたと報じられていた。

山田は公開討論会の後、二九日に行われる日本創新党の党大会で解散を提案する。自分も日本維新の会に合流する予定であると話していた。橋下の発言を耳にした創新党の支持者たちは山田に「維新の会への合流は反対である」と猛抗議の電話を入れていたのだ。

中田はその場におらず、橋下の発言の前後の文脈を知らない。彼の真意を質《ただ》すには、電話よりも文書の方が確実だろう。中田は橋下にメールを書くことにした。

〈「島の共同管理」という発言がかなり火を噴いているようです。発言は、国際司法裁判所に提訴したことを前提としているので、主権について放棄したわけではないことは明らかですが、主権放棄というニュアンスで切り取られて報じられているからでしょう。むしろ、韓国が武力制圧している実効支配の島を共同管理するということであれば、日本にとっては半歩前進という論理にもなりますが、我が国の主権の確認を必要とするので、今後聞かれた際にいま一度軌道修正しておいた方がいいかもしれません。我が国の主権に関わることなので、日本としての一枚岩が求められると思いますので。老婆心《ろうばしん》ながら〉

橋下からはすぐに返信があった。

竹島に対する主権がなくとも漁業権は定めることができる。漁業権を日本が活用できるようにするのが第一である。領有権の主張はするものの、国境紛争については相手側の主張もある。国際司法裁判所で法による解決を図るしかない。領土問題が決着するまでの間でも活用ができないか――こうした橋下の発言の一部だけを切り取って報じられていたのだ。山田も「俺はあの場にいたので彼の言っていることは分かるのだが……」と橋下のことを擁護していた。

外交、安全保障に距離を置いていたはずの橋下が踏み込むようになっていたのは、国政選挙が近づいていたからだ。

この騒動の数日後、九月二八日に維新政治塾の塾生を対象とした衆議院総選挙の候補者公募が締め切られた。公募にあたって、日本維新の会は選挙費用を一切援助しないというのが条件だった。結党まもない日本維新の会は政党助成金を受けられない。とはいえ、九月一二日の日本維新の会の立ち上げパーティーには一枚二万円のチケットで約四〇〇〇人が集っていた。少ないにしてもまったくないわけではない。すべてを候補者の負担にするのはどうだろうと、党のあり方に疑問を持つ塾生もいた。

また、こうした候補者を大阪維新の会の府議会、市議会議員が束ねていたことを問題視する声もあった。彼らは地方選挙の経験はあったが、国政の経験はない。維新政治塾に応募してきた人間には、大手企業で働き、経験、知識、人脈を持っている人間もいた。彼らにとっては、大阪維新の会の府市議会議員の事務処理能力は高くないように映ることもあった。それにもかかわらず自分たちが教えてやるという態度を取っていると憤《いきどお》っていたのだ。選挙は国政であろうが地方であろうが基本は同じである。良くも悪くも〝大阪的な〟大阪維新の会の体質に対する、関東出身者の嫌悪感も根底にあったろう。

ただ、まだ橋下に対する幻想も残っていた。かなり情勢は厳しいが、突然追い風が吹くかもしれない。その時に他の人間が国会議員になったら後悔するかもしれない。大阪維新の会の府議、市議たちは「自分たちは勝てる」と楽観的だった。そんな空気を吸った塾生たちは、日本維新の会に不平を抱えながらも、公募に申し込んでいた。

翌九月二九日、日本創新党は臨時党大会を開き、解党を決定した。

「日本維新の会と自民党の安倍晋三総裁ら良識的な保守層との接着剤になる。断腸《だんちょう》の思いだが、この機会を捉えないと日本の再生はない」と山田は日本維新の会に合流する意志を表明した。

一〇月に入って、橋下と維新の会を狙い撃ちする記事が連発された。一〇月半ばに『週刊朝日』でノンフィクション作家、佐野眞一が「ハシシタ　奴の本性」と題する連載を始めた。

〈もし万が一、橋下が日本の政治を左右するような存在になったとすれば、一番問題にしなければならないのは、敵対者を絶対に認めないこの男の非寛容な人格であり、その厄介な性格の根にある橋下の本性である。

そのためには、橋下徹の両親や、橋下家のルーツについて、できるだけ詳しく調べなければならない〉

と書き、自殺した父親の友人に取材をしている。

橋下は記事にこう応じた。

「ぼくは公人なので、両親、先祖について必要に応じて報じられるのは仕方ない。虚偽の事実でない限りは名誉毀損にならないと、法律家なので知っています。それが真実であれば報じられることも当然と思う。今回問題視しているのは、自分のルーツ、育てられた記憶もない実父の生き様、当該地域が被差別部落という話について、それがぼくの人格を否定する根拠として、先祖、実父を徹底的に調査するという考え方を問題視している」

そして『週刊朝日』の親会社である朝日新聞社の取材を今後拒否すると宣言した。記者とのやり取りで、こう橋下は踏み込んでいる。

「DNA論は極めて危険ですよ。ここからナチスだってユダヤ人の虐殺につながった。科学的にみても遺伝するもの、しないものははっきりしている。今回の実父がどこで生まれたか、ぼくの人格に影響しているのか、それを肯定しているからああいう記事になる。被差別部落で生まれ育った人間は、人格破壊を起こしているということを肯定するんですね、ということ」

すぐに『週刊朝日』編集長は謝罪の文書を出した。橋下の完全勝利だった。

同時期、『週刊文春』は〈橋下「維新の会」資金源は新興宗教　生長の家〉という記事を掲載した。日本維新の会の国政進出にあたって、宗教法人の生長の家が七億円の経費を出した。生長の家の幹部と維新の会を取り持ったのが中田である、だから中田は日本維新の会で大きな顔をしているのだ、という内容の記事だった。

中田は生長の家の幹部どころか、信者さえ一人も知らない。ところが、記事の中では匿名《とくめい》の人間が中田と生長の家との関係を証言していた。

いったい、その幹部とは誰なのか。また、その人間といつ会ったのか。日にちが特定できれば、その日何をしていたのか反論することもできる。記事の根拠となっているのは匿名の人間の証言のみ、そしてその証言はあやふやだった。まったく証拠のない噂を記事にしたものだった。

そもそも七億円もの政治献金があれば日本維新の会はこんなにお金に苦労して選挙を迎えることはない。まったく内情を知らないんだなと、中田は苦笑いするしかなかった。これも日本維新の会には影響力があると見ているからこその記事だったろう。中田は橋下と連絡を取り合って、すぐに版元の文藝春秋を訴える手続きをした。

こうした報道の影響もあるだろう、日本維新の会に対する期待は萎《しぼ》んでいた。

一〇月半ばに発表された世論調査では、衆議院選比例代表での投票先について、日本維新の会はそれまでの首位から自民、民主に抜かれて三位に転落していた。橋下は極めて打たれ強い男である。打たれた力を跳ね返す、天性のばねのようなものを持っていた。敵対心剝《む》き出しの記事を、橋下はこれまでねじ伏せ、逆に力を得てきた。しかし、今回の『週刊朝日』では謝罪まで持ち込んだものの、それ以上浮上する力はなかった。

中田は『週刊文春』の件で橋下と打ち合わせをした際「この状況を挽回するには橋下自身が衆議院選挙に出るしかない」と出馬を促したこともあった。しかし、橋下は曖昧に答えを濁《にご》した。

すでに九月二六日の自民党総裁選で安倍が勝利していた。もはや安倍が党を出る可能性はない。後は、石原慎太郎、そしてみんなの党とどのような連携を組むか、だった。

一〇月二五日、石原は東京都庁で緊急記者会見を行い、都知事を辞して新党を立ち上げると発表した。二六日、橋下はこれまでみんなの党に迫っていた、解党による合流という条件を撤回した。二七日、次期衆議院総選挙を睨《にら》み、石原とは「政策の大きな方向性は同じだ」と、彼の新党と提携に向けて協議を開始する方向であると橋下は語った。三一日朝、市役所で記者に囲まれて意見を求められた橋下は、石原の新党との合流は難しいと前言を撤回した。石原の周辺のたちあがれ日本の平沼赳夫《ひらぬまたけお》代表たちが、維新の会の掲げる脱原発、消費税の地方化に否定的だという理由だった。

「たちあがれ日本の皆さんとは、感覚が、世代が合わないのかなという気がする。真正保守にこだわるのなら、そういうグループを作った方がいい」

橋下は平沼たちを突き放した。この発言をした後、橋下は中田にも電話を入れている。

「今朝のぶら下がりで、たちあがれ日本に対して不快感を示しました。橋下は真正保守だとか書かれていますけれど、そういうラベル貼りのようなやり方は古い政治。だから、石原さん個人とはやるけれど、たち日の皆さんとは難しいと言いました。これは本音です」

この時期、中田は橋下に意見は言っていない。石原と組むのか、みんなの党とどのような関係にするのか、これらはすべて橋下の感覚に任せた方がいい、橋下しか判断できないことだった。

第九章

奇妙な選挙

遊説弁士

「橋下徹が到着するまで、前座を務めさせて頂きます」

一二月二日、石川と福井で、中田宏は橋下と共に日本維新の会に所属して初めての演説に臨んだ。一一月二九日に大阪市特別顧問の辞表を提出、翌三〇日に東京の日本維新の会東京本部で出馬記者会見を行っていた。

「今までの政治だったら、政党がたっぷりとお金を持っていて、派閥からも候補者へはお金が出る。そこに世襲の議員もいる。でも、維新の会は違います。候補者が自分の意思でやりきる人ということで選考してきました。そういう中でまったく土地勘のないところで戦うことになった人もいます。土地勘がないのに立候補してもいいのかと思われるかもしれません。でも、今までの政治というのはしがらみばっかりなんですよ。地縁、血縁、地盤、カンバン、カバン、こういうものが揃《そろ》っていないと国会議員になれない。でも、なった結果はどうですか？　結局のところ応援してきた人たちのしがらみのために物事が決められない。それが日本の政治でした。そういう意味ではまったくしがらみがない中で人を選ぶことができるのは維新の会だけなんです」

日本維新の会の街宣車はJR福井駅前の大通りに停められていた。歩道は人でぎっしり埋まり、少なくとも五〇〇人は集まっていただろう。赤色の揃いのブルゾンを着たボランティアスタッフたちは通行人のための隙間を確保することに追われていた。反対側の歩道にはずらりとテレビカメラが並んでいる。中田の演説中に橋下が到着すると、どよめきが起きた。

街宣車の上から手を振ると、通り過ぎる車の窓が開いて、手を振り返してくれた。日本維新の会の勢いは失速していると言われていたが、思った以上に反応がいいと中田は胸をなでおろした。

約一カ月前の一一月一三日、東京都知事を辞した石原慎太郎はたちあがれ日本の平沼赳夫たちと「太陽の党」を結党。その四日後に太陽の党は日本維新の会に合流、石原が代表、橋下は代表代行となった。みんなの党の渡辺喜美は、日本維新の会への合流条件として太陽の党との合併の白紙撤回を求めた。結果、橋下は太陽の党を選び、これまで連携関係にあったみんなの党とは距離を置くことになった。

太陽の党との合流後に発表された両党の合意文書からは、日本維新の会が掲げていた「脱原発」が消え、企業献金の禁止などの政治資金規正法の改正が曖昧となっていると指摘された。渡辺は「維新と太陽の政策合意は玉虫色の霞が関文学がちりばめられた代物だ」と批判していた。

原発政策について、橋下と石原の考えが当初違ったことは中田も認めている。しかし、道筋がついていないのに、原発を零《ゼロ》にすると公約に据えるのは無責任である。今後、世界で最も高い安全基準を作り、運用する。既存の原発については活用しつつ、脱原発依存を進めていく。同時に、電力会社の独占状態を解き、発送電分離を行い、再生可能エネルギーを進める——これが日本維新の会の方針である。脱原発を求めていた人にとっては日本維新の会の公約は後退に映るかもしれない。しかし、実行可能な最善の策になったと中田は思っていた。

この日、中田は飛行機で羽田に戻り、新横浜の事務所で新聞各社の選挙報道用の写真撮影を行った。いよいよ選挙が始まるのだという気持ちになった。いつもならば公示日二日前ともなれば、中田の周りは凄まじい緊張感で漲《みなぎ》っている。しかし、今回は違っていた。いまだに遊説日程がほとんど決まっていなかったのだ。

中田に期待されているのは、東日本で小選挙区から立候補した候補者の応援遊説だった。当初、中田、そして西日本の小選挙区の応援を担当する東国原英夫の日程は大阪の選挙対策本部が組むことになっていた。ところが、選対本部は橋下と松井一郎、この二人の遊説日程を決めることで忙殺されていた。中田の日程調節は「そちらでやってくれ」という、日本維新の会らしい対応が公示直前に来たことは本書冒頭の通りである。親しい候補者から直接来ていた応援演説依頼を整理して、日程を組むところから始めなければならなかった。

日本維新の会はもともと組織が整備できていなかった上に、大阪維新の会と、東京の旧「たちあがれ日本」の事務局——「たち日系《にち》」と呼ばれていた——が並列状態になっていることが混乱に拍車をかけていた。たち日系は関東を、それ以外を大阪の選対本部が担当することになっていたのだ。

そして選挙が始まった。

公示日の一二月四日午後一時、中田は国立《くにたち》駅前の街宣車の上にいた。東京一九区から立候補した山田宏の第一声に立ち合っていたのだ。山田の街宣車には、〈国分寺三中・都立国立高校出身〉と書かれていたが、地元での認知度は高いとは言えなかった。

「山田さんって、この辺りの出身なんだね」

山田の演説を聴きながら、囁《ささや》く声があちこちから聞こえた。中田は街宣車に乗りながら、次の街頭演説の場所である西武新宿線の花小金井《はなこがねい》駅に向かった。花小金井駅の駅前は真新しいマンションが立ち並ぶ住宅地である。日本維新の会の薄緑色の幟《のぼり》と共に中田が演説を始めた。しかし、平日の昼下がりの住宅地に通行人はほとんどいない。スピーカーからはき出される中田の声がビルに寒々しく反響していた。

中田は山田と別れて、東京都東村山《ひがしむらやま》市の新秋津《しんあきつ》に向かった。中田は普段から大きめのワンボックスカーを使用している。後部座席にあるソケットにｉＰｈｏｎｅを繋《つな》いで充電しながら、次々と電話を入れていった。

「中田です。今回北陸信越の比例ブロックから出馬することになりました。今回の選挙は応援部隊なので、人の応援がメインになります。宜しくお願いします」

応答がない場合は、留守番電話に伝言を吹き込んでいった。助手席では、秘書の工藤裕一郎《くどうゆういちろう》がパソコンを広げながら、イヤフォンマイクで話をしていた。

「工藤でございます。お疲れ様です」

応援依頼の来た候補者の事務所と連絡を取りながら、できるだけ近接した選挙区にまとめて行けるように日程調節をした。演説場所にはどのような手段で行くのが早いのか、乗り換えはどこで行えばいいのか、インターネットで検索しながら、大まかな予定を組んでいった。ある程度まとまると、メールで東京の事務所に連絡を入れ、飛行機や新幹線の手配を頼んだ。選挙区の地図、乗り換え駅の見取り図を探すなど、工藤の仕事は山積みだった。

二人の声がやんだ時、車内のテレビにニュースが流れた。宮城一区から立候補を予定していた日本維新の会の候補者が、家族や支援者の強い反対があったという理由で出馬を取りやめたという。

「当日辞退って、なかなか度胸のある人だね」

中田は皮肉っぽく呟《つぶや》いた。中田は一一月の初旬に行われた日本維新の会の立候補者を集めた研修会で話をしたことがあった。

「橋下さんは選挙になっても一銭も出さないと言っている。そうは言いながらも少しは出してくれると思っている人もいるかもしれません。でも本当に一銭も出ないと覚悟しておいた方がいい」

選挙と資金は切り離せないものである。今回の衆議院総選挙では、供託金が小選挙区で三〇〇万円、比例区で三〇〇万円、計六〇〇万円かかる。供託金とは、立候補者の乱立を避けるための制度であり、ある一定の得票数を獲得すれば返却される。これに加えて街宣車を仕立て、選挙事務所を借りるなどの選挙費用が必要だ。中田が初めて衆議院総選挙に立候補した際、供託金を含めて三〇〇〇万円を用意した。もちろんこれは少ない方である。他の政党、自民党や労働組合が丸抱えする場合、一億円を超えることは珍しくない。とはいえ、三〇〇〇万円あれば、都内でも小振りなマンションを買えてしまう。普通の人間が簡単に用意できる金額ではない。こうした選挙資金を銀行が貸してくれることはない。政治家となるには、政策、国家観に加えて、人を動かす力が必要である。見ず知らずの人間から票を集めるには、家族、知人から確固たる支持を得ることが前提である。既存政党のように「金を出すから選挙に出馬してくれ」というのがおかしな話である。最低限の資金は自分で集める。今回の日本維新の会のように全額を候補者が出すというのもやり過ぎかもしれないが、数百万円の選挙資金を集める甲斐性は必要だろうと中田は思っていた。

中田には日本創新党の苦い経験があった。創新党では最低限、供託金だけでも党が負担しようと、山田と中田は金策に走り回った。結果として一議席も獲《と》ることはできず、供託金は没収された。懐に余裕がないのに、無理をすると後々の行動に影響が出てくる。冷徹な橋下が一銭も援助しないというのは、理解できなくもない。

それにしても、当日に出馬を取りやめるような人間を公認したことは問題だった。日本維新の会の公募、面接の質が問われることになる。出馬を辞退した人間は瞬間の嘲笑で済まされるにしても、日本維新の会がこうした人間を公認したことは、長く印象に残るだろう。日本維新の会の苦戦を予想させる選挙の始まりだった。

この日、中田は山田のところから、隣接する東京二〇区へと移動した。二〇区からは前東京都議の野田数《のだかずさ》が立候補していた。野田の事務所は秋津駅と新秋津駅の中ほど、商店街の中にあった。更地に立てられたプレハブ造りの建物で、ここ数日の雨で足下はぬかるんでいた。中田が着いた午後二時半過ぎには、商店街の人通りもまばらだった。中田は事務所前で演説をしたが、時折自転車に乗った買い物客が通り過ぎるだけだった。その後、車で東京一四区の町屋《まちや》駅に向かった。同じ東京都とはいえ、西から東へ二時間近く車中で過ごすことになった。帰宅途中の人たちに向かって、候補者の野口東秀《のぐちとうしゅう》と共に演説した後、千葉県に入り、千葉駅前で千葉一区の田沼隆志《たぬまたかし》と街頭に立った。中田の選挙戦初日は、東京を西から東に駆け抜けることになった。

分厚い手袋

中田の秘書を務める工藤裕一郎が中田と初めて顔を合わせたのは、一九九三年頃だった。七三年生まれの工藤は、浪人の後、日本大学に進学した。大学入学後、新聞で日本新党の学生フォーラムという集まりを知り、大学のサークルの感覚で顔を出してみることにした。日本新党は前年の第一六回参議院選挙で四議席を獲得して一躍注目されていた。出入りするようになってすぐに、第四〇回衆議院総選挙の準備が始まった。工藤は日本新党の本部で事務作業を手伝うようになった。緑色の日本新党の幟、揃いのブルゾン、ポスターなどを管理し、各選挙区へ送る手配をした。選挙直前になると、仕事量は多く、事務所に泊まり込むことにもなった。時代が動きつつある高揚感があり、まるで合宿のようで楽しかったと工藤は記憶している。中田と出会ったのはこの時期である。その後、たまたま中田の妹と同じ高校出身であること、実家が近いことが分かり親しくなった。

大学卒業後、日本新党出身の衆議院議員、伊藤達也《いとうたつや》の秘書となった。伊藤は松下政経塾の五期生に当たる。二〇〇二年に中田が横浜市長選挙に立候補した時、工藤は休みをとって応援に駆けつけた。それがきっかけとなり、翌年の横浜市会議員選挙に出馬。横浜市会で中田を支持する数少ない市議会議員となった。

市議会議員を二期務めた後、二〇一一年から日本創新党事務局長代行、そして二〇一二年から中田の秘書となっていた。維新政治塾に参加し、立候補者公募にも応募していたが、合否の連絡はなかった。他の塾生たちが面接に進んでいるのを聞いて、自分が落ちたことを知った。日本新党での経験がある工藤は、日本維新の会の事務局が混乱しているのが手に取るように分かった。そのため、不合格者に通知さえも出せないのだ。今回の総選挙は中田を支えることが自分に与えられた仕事だと理解していた。

維新政治塾には、県議会議員や市議会議員の知り合いもいた。日本維新の会の立候補者は新人が多くなるといっても、地方選挙の経験がある彼らが出馬すれば、それなりの戦いができるだろうと予想していた。

　これはきついな――。

　選挙は現場に出てみないと分からない。これが工藤の考えだった。その経験からすると、この選挙は相当厳しいものになりそうだった。

　選挙戦二日目の一二月五日、横浜方面の首都高速が工事で渋滞となり、中田は途中で電車に乗り換えて、東京駅に到着した。予定より一時間遅れの上越新幹線に乗ることになった。長岡駅で迎えの車に乗って、中田と工藤は新潟五区の米山隆一《よねやまりゅういち》の事務所に向かった。晴天だった東京と違い、空は鉛色でところどころ白い色になっていた。すっかり葉の落ちた街路樹の枝が寒々しく天に向かって突き刺さっていた。昼間なのに夕方のようにうす暗い。

「東京はいい天気だったんですけれど、こちらは雨なんですね」

　中田が言うと、運転手の男は「ここはずっとこんな天気ですよ。夜になると雨が雪になります」と前を見たまま答えた。五分もしないうちに米山の選挙事務所に到着した。ファミリーレストランだった建物をそのまま使用しているという。チェーン店だった頃のピンク色の塗装があちらこちらに残っていた。「地方では不景気が長引き、こうした空き家がたくさんあるのですよ。事務所には困りません」と迎えに来た米山は変な自慢をした。

　米山はもともと自民党員で、二度の衆議院総選挙に出馬、落選していた。

「ここではマフラーはつけても大丈夫ですか？」

中田が尋ねた。横浜など都市部では、街頭演説の時に、マフラーを巻くのは聴いている人間に失礼だと考えられていたのだ。

「マフラーもコートも手袋もここでは大丈夫ですよ」

これを使って下さいと米山は白色の分厚い手袋を中田に渡した。

中田たちは車で小千谷《おじや》市内の体育館に移動した。体育館の周りには水田があり、その畦《あぜ》にはこの新潟五区から出馬している〈田中真紀子《たなかまきこ》〉と書かれた選挙ポスターが四枚も立てられていた。こうしたポスターを立てるには地権者の同意が必要となる。日本維新の会はポスターまでとても手が回っていなかった。

体育館の駐車場でビニールの合羽《かっぱ》を渡され、自転車に乗せられた。買い物籠が前についた青色の自転車の後ろには、薄緑色の日本維新の会の幟がついていた。

雨は止み、雲の切れ目からぼんやりと太陽の光が照らしていた。中田は米山たちと一緒に自転車で市内を走ることになった。小雨の中、米山は名前を連呼しながら自転車に乗った。しかし、新潟は家と家の間隔が広く、外を歩いている人もほとんどいなかった。

せっかく中田が来てくれたのだ。なんとかその知名度を活かしたい。しかし、ぎりぎりに日程が決まったために人を集めることもできない。自転車で回るというのは苦肉の策だったのだ。一時間ほど走り、小千谷の商店街で街頭演説をした。閉じたシャッターが目立つ、寂れた商店街で歩く人はまばらだった。

そのまま自転車で郊外のスーパーマーケットまで行き、雨が降り続く中、中田はマイクを握って、日本維新の会の政策を訴えた。しかし、駐車場もがらんとしており、人気はない。とっぷりと日が暮れてから、中田と秘書の工藤は新幹線に乗り、この日の宿泊地である新潟に向かった。自転車に二時間以上乗っていた中田はぐったりと疲れていた。スーツの上にダウンジャケット、ビニール合羽を着ていたので、自転車に乗り始めてしばらくすると汗をかいて身体は熱くなった。しかし、足下は冷え、つま先から凍えていた。早く宿に着いて風呂に入りたかった。

翌六日、新潟市は朝から最大風速一四・三メートルという突風が吹き荒れていた。佐渡島《さどがしま》に渡るフェリーは休航、鉄道も運休した。

朝一〇時から新津《にいつ》駅そばで行われている朝市で新潟四区から出馬していた栗原博久《くりはらひろひさ》と共に演説することになっていた。駅に隣接する駐車場に朝市の屋台が広がっている、と聞いていた。ところが強風で屋台はほとんど出ていなかった。ビニールシートを紐《ひも》で木にくくりつけた屋台がいくつか出ているだけだった。ビニールシートは激しく風で揺れ、店ごと吹き飛ばされそうだった。屋台どころか、人も歩いていなかった。強風で道ばたの看板は倒れ、どこかの店の前に敷かれていた玄関マットが宙に舞っていた。中田は話を終えた後、栗原の事務所の人間に連れられて、屋台を一軒ずつ回り、握手をして回った。

強風でこの日の予定はすべて変更となった。中田は新津駅近辺の商店街の店を一軒ずつ訪ねて、握手して回ることになった。東京、横浜など大都市の人間と違って、地方の人たちは中田が手を差し出すと、笑顔で握り返してくれた。中田の姿を見つけた人がわざわざデジタルカメラを購入し記念撮影を頼んできたこともあった。しかし、逆に優しい分、他の候補者にも同じ対応をしていることだろう。どれだけ票に繋がっているのか、中田には分からなかった。

自民党で農林水産副大臣を務めた栗原には自分の支持組織がある。それでも面積の広い地方選挙区では苦戦していた。

組織の力

「いったい、何を聞きたいの？　どうして、同じことを聞くの？」

愛知県で遊説を終えた後、中田が珍しく報道陣に対して語気を荒げたことがあった。日本維新の会の候補者はポスターさえもきちんと貼れていない、中田が演説に来ているのに人が集められないことをどう思うか、何度も尋ねられたのだ。

ポスターさえも貼れていないのは事実だった。街角に候補者のポスターを貼る掲示板を立てるのは、選挙管理委員会である。候補者はその掲示板にポスターを貼っていかなければならない。

自民党の候補者のように組織がある場合、各町内会にも支援者がいるものだ。選挙公示前には各地区の責任者の手元には候補者のポスターが届けられている。そして立候補届出とともに、事務所が連絡を入れれば一斉に掲示板に貼っていく。立候補届出から二時間ほどで、すべてのポスターは貼り終えられている。

一方、地方議会議員、あるいは他党から乗り換えた議員経験者を除けば、日本維新の会の候補者のほとんどは組織のない新人である。彼らは選挙管理委員会から渡された掲示板の場所が示された地図と照らし合わせて、選挙運動員がポスターを車に積んで順々に貼っていく。できるだけ一筆書きで、無駄がないように回ったとしても、貼れる掲示板は限られている。通常の選挙区で掲示板は一〇〇〇から千数百カ所ある。公示日から三日、四日ですべての掲示板にポスターを貼れればいい方だった。

街頭演説会で人を集めるのも組織の力である。組織には二種類ある。政治家個人を支持する組織と党の支持組織である。

選挙には、地盤、カバン、カンバンの「三バン」が必要であると言われ続けてきた。カバンは資金力、カンバンは知名度である。中でも最も大切なのが地盤である。政治評論家の早坂茂三《はやさかしげぞう》は、著書『駕籠《かご》に乗る人担《かつ》ぐ人――自民党裏面史に学ぶ』の中でこう書いている。

〈先代、先々代が血の小便を流し、営々と作り上げた個人後援会組織が、全国一三〇の選挙区ごとに、どこにでもある。系列の市町村会議員、都道府県会議員も、それなりの後援会を持っている。代議士を頂点にして、これらの組織がピラミッドを形成している。選挙になれば、本丸の指令一下、各級組織がいっせいに動き出す。寸土を争う集票合戦を繰り広げる。当選回数を重ねて

いれば、どこに票があるか、目をつぶっていても、間違うことがない。この基本勢力を〝地盤〟という〉

早坂が秘書を務めていた田中角栄は、出馬したいという人間にこう諭したという。

〈「戸別訪問三万軒、辻説法五万回、これをやれ」、そして、「やり終えたら、初めて当選の可能性が生まれる。そしたら、あらためてオレのところに来い」〉

こうした個人的な組織に加えて、既存政党には党が培ってきた組織がある。

自民党は、町内会、商店街などに代表される地縁組織、民主党には弱体化しているとはいえ、労働組合があった。街頭演説会をやれば、組織の力でそれなりの人は集められるものだ。一〇〇人単位で動員された小集会を回って行くだけならば、候補者は楽だ。

この党の支持組織があるからこそ、政治家は既存政党から離れることが怖いのだ。そして、企業ぐるみ、組合ぐるみの支持組織は、当選後に応援の見返りを求めてくる。それは中田が横浜市長選挙で最も嫌っていたことだった。それをまともな選挙だと感じているのかと苛立《いらだ》たしかった。

中田は秘書の工藤に「その候補のところは選挙が成り立っているのか」としばしば尋ねた。成り立っているというのは、選挙を戦える体制ができているかどうか、である。ポスターが貼れているか、運動員を確保できているか――応援演説に行くのならば、できる限り当選の確率の高い候補のところに行くべきだった。工藤は、朝八時から夜八時まで、一日最低六つの選挙区を回りたいと思っていた。しかし、候補者の選挙事務所が出してきた時間を調節して、パズルのように組み合わせていくと、無駄が多くなった。

中田は何度も「今回は本当に奇妙な選挙だね」と口にした。選挙は祭りである。最初はたすきを掛けて人前に立つだけでも羞恥心がある。それが選挙戦が進むうちに、たすきが馴染み、演説の声にも力が増していく。選挙の運動員の気持ちがまとまり、終盤へと向かっていく――しかし、今回は自分の立候補を伝えず、ひたすら人の応援に走り回る選挙だった。

朝日新聞は一二月六日、衆議院総選挙序盤について電話調査の結果を発表している。

それによると、

〈(1)自民は小選挙区が好調で比例区と合わせ単独で過半数を確保する勢い(2)民主は惨敗で100議席を割り込む公算が大きい(3)第三極の日本維新の会は比例区で民主と肩を並べ、小選挙区と合わせて50議席前後に〉

日本維新の会の内訳として、〈小選挙区で10議席台、比例区で30議席台をうかがっている〉と予想している。

また、こんな分析もある。

〈小選挙区ではもともと少数政党が勝つのは難しいが、第三極は今回、86の小選挙区でぶつかりあっているため、なかなか勝ち抜けないという事情もある〉

中田も同様の感触だった。

選挙が始まって、中田と維新の会を気遣って様々な連絡が入った。中にはみんなの党の候補者が維新の会を攻撃しているというものがあった。太陽の党との合併以降、みんなの党との間に溝ができていた。第三極がいがみあっていると、自民党が独走することになる。そう懸念した中田は何らかの手を打った方がいいと選挙戦三日目の一二月六日に橋下へメールを入れていた。

一二月八日、橋下から中田へメールの返信が来た。

〈長野の雪舞う寒空の中、多くの人が話を聞いてくれました。特に若い人たち〉

この日、中田は富山一区で演説を済ませた後、列車で長野駅へ移動、駅前で橋下と合流し一緒に演説する予定だった。ところが富山の天候が荒れていた。一三・七メートルの強風が吹き、雷が鳴り、雪とあられが舞っていた。列車はすべて運休。高速バスは使用できないか、飛行機で一度羽田に戻り新幹線で長野に入ることはできないかと工藤は様々な手を探ったが、街頭演説の時間に間に合わない。仕方がなく橋下との合流は諦めた。しかし、長野では他にも予定が入っていた。とにかくたどり着かねばならないとレンタカーを借りて向かうことにした。すると、富山の支援者が「雪が降っている中、慣れない運転だと危ない」と自分の車で送ってくれた。高速道路を走り、一度休憩を入れて五時間強の道のりだった。自分たちが運転していればもっと時間がかかったことだろう。中田はこうした人々の好意に支えられているのだと改めて感謝した。

橋下のメールはこう続いていた。

〈でも国会議員を誕生させるにはこの程度では駄目なんですね〉

これは正直な感想だったろう。

前週に橋下は新潟駅前で演説をした時、一〇〇〇人集まったという。雪が降り続いているにもかかわらず、その一〇〇〇人は橋下の話が終わるまで帰らなかった。一方、自民党の谷垣禎一《たにがきさだかず》では二五〇人しか集まっていない。その二五〇人のほとんどは動員によるものだ。それだけ日本維新の会に対する期待は中田も感じていた。しかし——橋下の存在は火だねに過ぎない。その火を消さないように燃やし続けていくのは候補者たちである。燃やし続けるには、地域に根を張った人間、顔の見える人間でなくてはならない。地域に根を張るというのは短期間でできない。

だからこそ、選挙のことばかり考えて、足繁《あししげ》く地元に帰る国会議員も出てくる。もちろんそれでは国政に貢献できるはずもない。橋下が考えていたのは、そうした地べたに這《は》いつくばった蔓《つる》のような組織を焼き尽くす「究極の空中戦」だった。しかし、それは失敗に終わりそうだった。

都市型政党と言われる、大阪維新の会が大阪で圧倒的な支持を勝ち取ることができたのは、「タウンミーティング」という小規模な集会を各地で開いたからだった。比例区ではある程度勝てても、小選挙区では勝てない。自らの戦略の限界を橋下は感じているはずだった。また、立候補者選びも十分な手続きを経たとは言えなかった。第二次、第三次公認と進むと、選挙準備の慌ただしさの中で書類審査と五分程度の面接で公認を決めた立候補者もいた。

翌九日、松本で長野二区の百瀬智之《ももせともゆき》、佐久平《さくだいら》で長野三区の井出泰介《いでたいすけ》の応援演説に入った。

二人とも初めての選挙だった。初々しい姿に、中田は自分が初出馬した時のことを思い出した。二区の百瀬にはたすきの掛け方を教えた。

「候補者は車の助手席に座って手を振るわけでしょ。ということは左手を振ることになる。左側の肩にたすきを掛けなければ、身体を乗り出した時に名前が見えないよ」

中田は初回の選挙から自分で考え、より良いと思った方法を編み出してきた。それをできる限り伝えたいと考えるようになっていた。

三区の井出は東京出身である。候補者公募で希望区の一つとして父親の出身地の長野を書き、立候補することになった。「立候補して選挙管理委員会で掲示板の数を聞いて愕然《がくぜん》としました」と笑った。

「ポスターの数が長野県の中で一番多い。二九〇〇カ所なんですよ。他の二・五倍から三倍なんですよ。どうやって貼ろうかなと。とても組織力がないと普通の活動自体が難しいですね」

井出はそれでも前向きだった。

「遊説をしながらポスターを貼っているのをテレビ局の人が撮影してくれました。それを見た人から電話が掛かってきて、俺の近くを貼ってやるからポスターを寄こせという人が出てきてくれました。私は落下傘でここから出馬しましたから、一般の支持者ではそうした方が初めてでした」

休日を使って東京から駆けつけたという井出の知人たちに、中田は「受け取る人の位置まで腰を落としましょう」「もらってくれそうな人にだけ渡すのではなく、積極的に行きましょう」と声を掛けた。

長野三区には人がたくさん集まる場所は少ないという。そこで中田たちは郊外のショッピングモールの駐車場に立って街頭演説をした。コンクリートの地面からは底冷えがした。車から出て、中田の話を聴いてくれる人はわずかだった。しかし、駐車している車の中で聴いている人もいるだろう。そうした人のために魂は込めたいと中田の話は熱を帯びた。

「今の日本の政治の問題は決められないことである。なぜ決められないか。それは政治家に決断した経験がないからなんです」

これは中田の実感だった。

横浜市長になってしばらくして、衆議院議員時代は判断を求められる機会が少なかったことに気がついた。国会の議題の賛否については、党内での議論には参加するが、決定すれば党議拘束がかかる。首長は、億単位のプロジェクトから、大袈裟に言えば鉛筆一本の購入まで、決めることばかりだった。アメリカの大統領を務めたビル・クリントン、ジョージ・W・ブッシュをはじめ、韓国の李明博《イ・ミョンバク》前大統領、欧州の首相なども地方の首長を経ている。様々な決断の経験があるからこそ、国政でも決められる。日本の国会議員が首相や大臣となって何も決められないのは、その経験がないからだった。

「確かに、橋下徹、やんちゃです。石原慎太郎、物の言い方は乱暴かもしれない。そして私、中田宏。好きも嫌いもあるでしょう。しかし、我々は物事を決めてきた。民主党のことを自民党は決められない政治と批判しています。しかし、自民党はずっと先送りしてきた。決められない民主党、先送りの自民党。これじゃもう駄目。維新の会は物事を決めてきた政治家集団なんです」

毎回選挙では、何を重点的に訴えるか、最初は手探りで始める。選挙戦が進むうちに、強調する部分が定まってくる。今回の選挙は、〝決断〟という言葉に収斂《しゅうれん》していた。

話が終わると何人かの人間が中田に握手を求めてきた。

「あなたが演説で話した通りだ。本当にがんばってくれ」

「前から中田さんのファンなんだよ。今回はあなたに投票できるので嬉《うれ》しいよ」

長野県は中田が立候補している、比例区の北陸信越ブロックに含まれる。しかし、自分が立候補していることは一言も触れなかった。それが慣れない小選挙区から出馬した新人候補たちへの最低限の礼儀だった。

風が吹く

選挙戦も残り三日となった一三日の早朝、中田は朝七時前に羽田空港に到着した。ちょうど太陽が昇るところだった。深く真っ青な空に地平線の辺りだけが鮮やかな橙色に染まっていた。

今日も寒い朝だと、中田はカサカサになった手をすり合わせた。選挙戦が進んでいくと、中田の手はひどく荒れる。演説の前後で不特定多数の人間から握手を求められる。そのため中田は新幹線などに乗る、あるいは休憩の場所では必ず手を洗った。ふとした拍子に自分の体内に雑菌やウイルスが入ることで風邪を引く。選挙戦の間に体調を崩すわけにはいかなかった。あまりに頻繁に手を洗うので、手から水分が失われ、アルコール消毒液を持ち歩くようになった。そうした気遣いもあと少しで終わりだった。

日本創新党で出馬した時と比べると、少なくとも自分が立候補していることは、皆が知っていてくれた。これは橋下および日本維新の会の影響力であったろう。ただ、応援演説で十分な手応えがあるとも言えなかった。三日前、埼玉三区の谷古宇《やこう》勘司《かんじ》の応援のため、草加《そうか》市に入った。一五時から草加駅前で街頭演説の予定が入っていた。乗り降りの多い主要駅前は各党の演説場所となっている。この日は一四時半に野田佳彦総理が演説をする予定になっていた。野田が来るということで、周囲に警護が立ち、駅前は人で溢《あふ》れていた。ところが野田の到着が遅れた。その三〇分後に演説を予定していた谷古宇陣営は急遽《きゅうきょ》、近くのスーパーマーケットの前で演説をすることになった。中田には次の選挙区の応援が予定されていたのだ。演説の声を耳にして、何人かがおやっという顔をして立ち止まり、中田の顔を見た。しかし、その数はわずかだった。演説を聴いた人がその熱を周りの人に伝える。そうして票は広がっていくものだが、その意味では、まだまだだった。

二日前は静岡、浜松、名古屋、敦賀《つるが》で演説をして福井に宿泊。前日は午前中から富山の街角に立った。この選挙戦で初めて中田が自分への投票を呼びかけた演説だった。富山市長の森雅志が応援に駆けつけ、中田の親戚も集まってくれた。

森は「同じ市長を務めた人間として中田さんには国政に行って欲しい。地方の実態を分かっている人にやってもらわないと困るんだ」と中田を立てた――。

選挙戦を振り返っているうちに、中田の乗った飛行機は山形県の庄内《しょうない》空港に到着した。

この日の予定は日本維新の会の本部が組んだもので、山形と宮城の計四つの選挙区を回ることになっていた。庄内空港では山形三区の候補者、佐藤丈晴《さとうたけはる》が出迎えた。酒田《さかた》市議会議員だった佐藤はみんなの党を離党して、日本維新の会から出馬していた。

「空港の辺りは風が強いので雪が積もっていないんです。赤川《あかがわ》を越えると雪が積もっています」

佐藤の言葉通り、橋を渡ると田畑の上に一面の雪が積もっていた。しばらく走ると、ぱらぱらと車のフロントガラスに雪が当たった。鶴岡《つるおか》市の商工会議所、ドラッグストアの駐車場で演説をして、佐藤の選挙事務所で暖をとった。この日の鶴岡市の気温は四度だった。次の街頭演説の場所、酒田市に向かう途中、最上川《もがみがわ》沿いの道は工事渋滞していた。新幹線の時間が迫っていた。酒田市での演説は中止し、新庄《しんじょう》駅前で横殴りの雪が吹きつける中、五分だけ演説して新幹線に飛び乗ることになった。

米沢《よねざわ》駅で新幹線を降りて、米沢体育館前、米沢駅前で演説を終えて新幹線で福島に向かった。米沢駅で米沢牛を使った弁当を買って、車内で食べた。甘辛く味付けした牛肉がご飯によく合った。駅弁など地元の名物を食べるのが中田の息抜きだった。福島駅で乗り換えて古川《ふるかわ》へ、ショッピングモールで演説して仙台に到着した。仙台では二カ所で演説をした。

翌日は北海道に飛び、札幌周辺の選挙区を回った。そして選挙最終日、千歳《ちとせ》空港から愛知県のセントレア空港へ飛び、岡崎市など二つの選挙区を回り、新幹線で新横浜に戻った。神奈川一〇区の石川輝久《いしかわてるひさ》と共に川崎市の商店街、銀柳街《ぎんりゅうがい》に立ってから、国立駅に向かった。

産経新聞が一二月一一日に発表した衆議院選挙終盤情勢調査では、東京の二五選挙区のうち、一九選挙区で自民党が優位に立っていると書いている。山田が立候補していた東京一九区は山田の他、民主党の末松義規《すえまつよしのり》、自民党の松本洋平《まつもとようへい》が出馬しており、やはり松本が優勢とされていた。

風が吹くという言葉がある。日本新党の時は風に背中を押されて当選することができた。しかし今回、風が吹く気配はなかった。新聞等の調査通りの結果になるだろうと中田は見ていた。その場合、山田はかなり微妙な場所にいた。小選挙区では厳しい。そして比例区でも名簿順位は東京ブロック三位だった。当初の見通しでは日本維新の会は東京で比例の三議席は堅く、四議席に届くかもしれないというものだった。そのため、四位に一九人を並べていた。しかし、その三位も厳しいというのが今の予想だった。

中田は山田と共に国立駅前で演説し、改札口で通行する人たちと握手した。中田にとって久し振りの衆議院総選挙はこれで終わった。

最後まで奇妙な選挙だった——移動距離七〇〇〇キロの選挙戦を終えた中田の感想だった。

エピローグ

二〇一三年三月三〇日、大阪市中心部の堂島川《どうじまがわ》沿いに立つ、大阪府立国際会議場七階のエレベーターホールでは、到着する人々をテレビカメラが待ち構えていた。この鉄筋一三階建ての近代的な建物では、日本維新の会の第一回目の党大会が開かれることになっていたのだ。

日本維新の会所属の国会議員と大阪維新の会の府市議会議員に加えて、この場で紹介される参議院選挙立候補者、さらに国会議員と府市議会議員にはそれぞれ五枚と三枚の招待状が渡されており参加者が八〇〇人以上、加えて二〇〇人ほどの報道陣が集まっていた。

会場の前方には国会議員たちが座る席が設けられていた。その中には中田宏、山田宏の顔もあった。昨年一二月の衆議院総選挙で日本維新の会は五四議席を獲得していた。北陸信越ブロック比例一位の中田は、開票後すぐに当選確実が出た。一方、山田は東京一九区の小選挙区では落選。比例区東京ブロックで当確が出たのは、日付が変わった頃だった。

党大会は一一時に始まった。司会者から紹介された橋下徹は壇上に登ると、国旗に一礼してから演台の前に立った。

「全国から皆さん、大阪にお越し頂きましてありがとうございます。日本維新の会第一回の党大会を開くことができました。三年前、現在の幹事長の松井、政調会長の浅田、両府議会議員の三人で、今のまんまの大阪の形じゃ駄目だよね、本気で変えていかないといけないね、というところからスタートしまして、そっから六人、九人、一〇人、そんな感じで仲間が増えていきました。そして今や、国政政党となりました。本気でやればできるんだなと思いますね。口で言っているだけじゃ駄目ですね。やらなきゃいけない」

以前と比べると激しさはなく、穏やかな口調だった。新たに政権与党となった自民党の安倍晋三首相の施策を「いいじゃないですか」と褒めた。

「今日の新聞でも報じていましたけれど、普天間、九年以内に返還ですか？　辺野古にも埋め立ての申請を出した。そりゃ他の代替案がなければ、とりあえず辺野古に移して、普天間の固定化を避ける。責任ある者が考えれば、その結論しかない。責任のない、朝日新聞と毎日新聞、学者だけが反対だと言っている」

安倍は普天間飛行場を沖縄県内名護《なご》市辺野古に移設する方針だった。橋下は沖縄の人々に頭を下げて理解を求めなければならないと言い、こう続けた。

「当時の大田実《おおたみのる》少将――ごめんなさい、中将です。亡くなられて一階級特進したんですね。皆さんご存じだとは思いますが、沖縄県民かく戦えり、後世に対して特別のご高配をたまわらんことを、とおっしゃった。我々は沖縄の皆さんにそういう意識を持っているんでしょうかね。ですから、辺野古移設というものが必要だったとしても、政治家たるもの、沖縄の皆さんにそれをどうやって理解を求めるのか、行動を起こさないといけないと思うんですよね」

大田実は第二次世界大戦末期、沖縄戦の指揮を執った海軍軍人である。アメリカ軍に追い詰められた一九四五年六月六日夜、大田は沖縄の人間が勇敢に戦った様を書いた電報を海軍次官宛てに打った。電報の最後は〈沖縄県民斯《カ》ク戦ヘリ　県民ニ対シ後世特別ノ御高配ヲ賜《タマ》ハランコトヲ〉と結ばれている。大田はこの電報を打った後、一三日に自決した。

かつての橋下ならば旧日本軍の人間を積極的に取り上げることはなかったろう。わざわざ戦死による昇進にまで触れたことは、自分は日本の歴史を分かっている、あるいは勉強しているということを広く知らしめる意図だったかもしれない。

第二部は橋下と石原慎太郎、二人の代表がインターネット回線を使ってテレビ討論することになっていた。石原は二月下旬に軽度の脳梗塞を起こし入院、党大会には欠席していた。橋下が一人でテーブルの前に座り、大きなスクリーンに東京の党本部にいる石原の姿が大写しとなった。

橋下は事前に憲法論議をすることを石原と決めたと話した。

「戦後日本が変わってきた時に、この日本国憲法というのがあまりに理想といいますかね、あり得ない国際社会観を掲げているのがものすごい問題なのかなと思いまして」

橋下は、憲法前文の〈平和を愛する諸国民の公正と信義に信頼して、われらの安全と生存を保持しようと決意した〉という部分を取り上げた。

「諸国民を信頼するだけで、安全と生存を保持するなんてあり得ないと思っているんですけれど。

ここはなぜ誰も気づかないんですかね。ぼくもそういう教育を受けたことがないですし、日本国民は安全保障について考えたこともなかったと思うんです。ぼくはここの部分が元凶だと思うんですが……」

ここまで踏み込むようになったかと、中田は壇上の橋下を見上げていた。

この日、会場で配られた小冊子の中には一枚の厚紙が挟み込まれていた。『「日本維新の会」綱領（案）』である。

綱領とは政党の憲法と言っていい。政党に入党する場合、綱領と規約を受け容れることが必須である。日本維新の会は昨年の総選挙直前に国政政党となったため、綱領が存在しなかった。第一回の党大会で、綱領案を正式承認することになっていたのだ。

日本維新の会は橋下と石原、大阪と東京に二人の代表がいる双頭体制である。綱領の作成はこの体制に大きく影響されることになった。

政党の主要役職は、幹事長、政務調査会長、そして総務会長のいわゆる三役である。三役は大阪側の松井一郎（大阪府知事）、浅田均（大阪府議会議長）、東徹《あずまとおる》府議がそれぞれ務め、幹事長代行、副政調会長、副総務会長に衆議院議員の松野頼久、片山虎之助《かたやまとらのすけ》、藤井孝男《ふじいたかお》がそれぞれ就いていた。中田は国会議員団の政調会長代理である。

この綱領作成は、政調会の範疇《はんちゅう》に入る。最終的に責任を持つことになるのは、会長の浅田である。ただ、綱領については国政で経験のある国会議員からも多くの意見が出ることが予想された。

浅田は中田と頻繁に連絡を取り合ってきた仲である。国会議員から意見を吸い上げ、浅田と文案調整するのが中田の役割だった。

当選以降、中田は国会議員団と大阪の間で八面六臂《はちめんろっぴ》の動きだった。

二〇一三年一月八日、前年一二月下旬に大阪市の桜宮《さくらのみや》高校で体罰による自殺事件があったことが分かった。この事態を受けて一月二四日には衆議院で文部科学委員会が急遽《きゅうきょ》開かれることになった。橋下は大阪で教育問題に注力してきた。他党が大阪の教育行政と桜宮高校を絡めて攻めてくる可能性があった。文科委員会に所属している日本維新の会の国会議員は全員が初当選だった。彼らは質問の経験がないため、失言の可能性がないとは言えない。

そこで国会議員団の国会対策委員会は、中田を質問に立てることにした。中田は横浜市で教育委員会を改革した経験があった。中田は予算委員会に所属しているため、この日の委員会だけ文科委員会へと転属する形となった。

翌二月には、日本銀行総裁人事を巡って日本維新の会の〝分裂〟が大きく報じられた。

安倍は日銀総裁として黒田《くろだ》東彦《はるひこ》を充てる方針だった。日本維新の会の国会議員団はこの人事案を受け容れた。これに対して橋下は「まずは民間人から選択していくのが維新の会の考えだ」と反発していた。

二月末、読売新聞は、日本維新の会の国会議員団から日銀総裁人事に「橋下氏は口を出すな」と声が出ていることを知り、〈これからは口を出しませんが、以後維新の会には関わりません〉

という怒りのメールを橋下が出したことを報じた。

中田にもこのメールはＣＣで届いている。行政組織は民間企業よりも硬直化しがちである。時折、適任なる異分子を入れて活性化しなければならない。橋下が民間出身者を優先すべきというのは正しい。

しかし、である。日銀総裁人事の提案権は自民党にある。日本維新の会はその人事を受け容れるか、拒否するかの二つしかないのだ。中田は橋下に事情を説明したメールを送り、幹事長の松井に日本維新の会らしい対応をしてはどうかと提案した。何にでも反対するのが野党ではない。与党の自民党の政策が正しい場合は賛成する。それが健全な国会運営である。野党として重要なことは、次期日銀総裁の責任を明確にさせることだと中田は考えていた。

次期日銀総裁には二パーセントの物価上昇という目標が与えられていた。

「新総裁には、目標を達成するという意志があるのか確認すること。達成できなかった場合にはどのような責任を取るのか、という決意を求めるべきじゃないでしょうか。それが維新らしい」

中田の提案に松井は議院運営委員会で新総裁に「自らの所信と責任の取り方について聞きましょう」と応じた。

ただし、これには問題があった。アメリカの連邦準備制度理事会（ＦＲＢ）議長を選定する際、上院の銀行・住宅・都市委員会では二時間以上の聴聞会が繰り返し開かれる。ところが日本では議院運営委員会で各党が与えられた質問時間は三分しかなかったのだ。そこで日本維新の会は質問時間を二〇分とするように求めることにした。これは認められ、三月四日、中田が日本維新の会を代表して質問に立った。

日本維新の会は、大阪維新の会、たちあがれ日本、首長経験者、様々な背景の人間が集まっている。考え方が違うのは当然のことである。何より本部は大阪にあり、彼らは国政経験がない。結党したばかりの集団では衝突、摩擦は当然起こる。建設的な論議も必要だろう。それを〝分裂〟と報じるばかりで、組織を束ねて前へ進めていく努力があることはまったく報じられない。総選挙以降、中田は党をまとめるためにも、綱領が重要であると橋下に度々メールを送ってきた。

民主党政権の失敗の一つの原因は綱領が実質存在しなかったからだと中田は思っている。憲法に対して、旧社会党の人間は平和憲法の遵守《じゅんしゅ》こそ綱領とすべきと考えている。しかし、民主党内には改憲を目指す人間もいた。民主党の唯一の共通項は反自民——自民党から政権を奪取《だっしゅ》するということだった。だからあえて綱領をはっきりさせないでいた。実際に政権を獲《と》ってみると、党内に余りに考えの違う人間が存在しており身動きが取れなくなってしまった。

もちろん、橋下、そして綱領作成の責任者である浅田、そして片山もその重要性は理解している。しかし、日本維新の会は、良い意味で柔軟性があり、悪い意味で行き当たりばったりである。大阪側が党大会ぎりぎりに綱領案を出し、国会議員たちが反発すれば、またもや東西分裂と報じられることだろう。正当な議論でさえ、仲間割れのように貶《おとし》められて書かれると、日本維新の会の評価を落とすことになる。中田は早めに準備を始め、浅田と片山と頻繁に連絡を取りながら綱領案をまとめていった。

本来、綱領案は党大会で配布する小冊子の中に綴じ込まれるべきものだった。しかし、綱領案は締め切りに間に合わなかった。中田が浅田とやり取りをして最終案を仕上げたのが党大会の三日前のことだった。その日の夕方に、二人の代表が目を通し、石原が修整を入れた。

石原がこだわったのは、憲法に関する部分だった。日本国憲法が制定されたのは米軍の占領下であった。国際法に基づけば他国が関与した憲法は無効である、破棄できるというのが彼の持論だった。そこで〈占領憲法〉という表現になった。印刷に回す原稿が完成したのは党大会前日の午後だった。

中田が綱領の中で心を砕いた箇所の一つは三段落目である。

〈日本維新の会は、我が国の歴史と文化に誇りを抱き、良き伝統を保守しながらも、多様な価値観を認め合う開かれた社会を構築する〉

国会議員の中から保守という文言を入れるべきだという意見が出ていた。しかし、橋下は保守という言葉に反発した。自分たちが保守主義と名乗るのは、草食男子と名乗るようなものだとメールに書いてきた。つまり、草食系かどうかを決めるのは、本人ではなく、周囲であるという意味だ。橋下は保守主義者と括《くく》られることを嫌っていた。

中田は橋下たちにこう返した。

「日本維新の会というのは改革を志向しています。ただ、その改革というのは既存社会の破壊、混乱をもたらすものではない。我々は良き伝統、良き歴史に対する誇りを抱きつつ改革を進めていく。保守主義、あるいは保守政治と書かなくとも、その意味は入れた方がいい」

「保守」という言葉を名詞ではなく、「保守する」という動詞として使うことにしたのは中田の発案だった。

橋下はその綱領を自分の言葉でかみ砕き、党大会での挨拶をこう締めくくっている。

「我々はきちんと日本の歴史と伝統を尊重しながら、守りながら、いいところはしっかり守りながら、背筋をぴんと伸ばして背骨を持って嵐の中に一歩踏み出す。体制を変える。既得権を打破する。そういう思いで日本維新の会は進んでいきたいと思っております」

橋下は常に敵を攻撃し、叩《たた》き潰《つぶ》して力としてきた。極論は耳目を集めるが、実際に実行するとなれば、中庸《ちゅうよう》に収まっていくものだ。大阪で橋下と大阪維新の会は与党である。そして国政でも安倍とは考えが近い。橋下の口調が穏やかになったのは当然のことだろう。

一見、日本維新の会は勢いを失い、漂っているようにも見える。ただし、本当の改革とは地味で、細やかなものだ。今後、日本維新の会と橋下、そして中田の歩みの歩幅は小さくなるかもしれない。しかし、それこそが前に進むということなのだ。

日本維新の会の国会での方針は、「是々非々で提案型の国会活動」である。安倍政権の政策が正しければ賛成する。かつての野党のように与党の政策にやみくもに反対することはしない。橋下らしい前向きの考えである。ＴＰＰ交渉参加、憲法九六条改定――かつて中田が考えた保守再編の中に安倍が入っていたように、首相の打ち出す政策は日本維新の会とは近い。そのため、野党としての存在感が薄れ、埋没してしまう傾向もある。

しかし、自民党の体質は、橋下、そして日本維新の会と相容れない部分がある。再び橋下は自民党、そして日本維新の会の内部に対しても激しく牙を剝《む》くこともあるだろう。そこで中田がどのように動くのか――。

次の舞台は二〇一三年七月の参議院選挙である。中田、橋下、そして日本維新の会が日本を本当に変えていくことができるのか。長い道のりはまだ始まったばかりである。

あとがき

仕事柄、様々な人の話を聞く機会がある。そこで気をつけているのは人は必ず嘘《うそ》をつくということだ。積極的に騙《だま》そうとしなくても、人にはこう見られたい自分像というのがある。都合の悪いことは伏せて、自分の言いたいことを話す。

中でも、政治家は最悪だ。正確には政治家的な人間と言い換えていい。世界中どこでも、権力志向の強い人間は〝政治家的〟である。彼らはこちらの投げかけた質問をはぐらかし、自分の言いたいことだけを話し続ける。特に街頭演説などで一方的に話すことに慣れている政治家は、立て板に水のごとく使い古された言葉で空間を埋め尽くしてしまう。

それでも政治の世界を描きたいと思っていた。なぜならば、疑問だらけだったからだ。

言葉を吟味して使っているぼくたちにとって政治家が口にする言葉は陳腐な表現が多い。選挙活動で土下座など通常の神経ではできない行動に出る政治家もいる。なぜソープオペラの登場人物以下の芝居がかった行動を取るのか。それで本当に人の心は動くのか。

政治のことなど考えたこともなさそうなアスリートや芸能人を政治家として熱心に立候補させようとするのはなぜなのか。そうしたタレント議員は、当選すると揃《そろ》ってえもいわれぬ萎《な》えたような顔になるのはどうしてか。

芸術、スポーツの世界では、親子二代続けて傑出した才能が出ることはまずない。なぜならば美的感覚、運動能力は遺伝しても、本当の大切な部分を引き継ぐことが難しいからだ。それなのに国会議員には二世、三世議員が目立つ。少なくともぼくの周りで、飛び抜けて有能な人間が政治の世界に進んだのを目にしたことはない。政治は国の舵《かじ》取りをする大切な職業である。それにもかかわらず、日本では質の高くない人間ばかり集まっているのではないか——。

ぼくの作品は、細部の描写の積み重ねで物語を作っていく。そのため非常に些細《ささい》なことまで尋ね、材料を集める。良心的に人間や事象を描こうとすればするほど、使われることのない取材は積み重なっていくものだ。その無駄は取材される側に理解されにくい。しつこく細部を尋ねられることを嫌がる人間もいる。時間に追われる人間、細かなことを語るとぼろが出る人間はその傾向が強い。その意味で自分の手法で政治家を描くのは難しいとも思っていた。

ぼくが中田宏という政治家に初めて会ったのは、彼が横浜市長選挙に出る前のことである。この時は本当にすれ違った程度だった。その後、二〇一〇年八月末に再会することになった。正直に言うと、ぼくも彼に関する週刊誌の醜聞を半ば信じていた。すべてが真実でないにしても、幾らかは真実が混じっているだろうと思っていたのだ。最高気温が三〇度を超える暑い日が続いていた。この日も中田の事務所は窓硝子越しに強い太陽が照りつけていた。そんなむっとする午後、四時間程度、話をしたことを覚えている。ぼくは彼に対する〝疑惑〟を不躾《ぶしつけ》なほど突っ込んで聞いた。被取材者の中には病的な嘘つきが混じっていることもある。だから、ぼくはかなり人を疑って話を聞く習癖がある。そんな自分でも彼の話は筋が通っており、ほぼ正しいと感じた。それ以来、毎月、彼に話を聞くことになった。そして〝ほぼ〟という副詞はすぐに消えた。彼は政治家的ではなく、質問にはきちんと答えてくれた。ぼくの取材方法では細かなところが重要なのですと説明すると、「忘れっぽいのでこうやってつけているんだよね」と日記を開いて細かく教えてくれることもあった。

初めは彼についての何らかの原稿を書き、横浜市長を投げ出したという誤解を解く一助になればという気持ちだった。そのうち、彼は橋下徹と近い関係となった。ただ、橋下に対して政治家としての覚悟は高く評価するものの、皮膚感覚として相容れない面があるようにも見えた。それが大阪市特別顧問に就任してから急速に変わった。中田を通して橋下を描けないかと思ったのは、その頃だ。

橋下が大阪でやろうとしていることの多くを、中田は横浜市ですでに実践していた。橋下の周りにはワイドショー的な空気があり、見えにくい部分があった。橋下に中田を重ねると、彼の本質が浮き上がってくるように思えたのだ。そして、自分を敵に回すと面倒だぞと狂気を装う橋下と、ひたすら常識人でい続けようとする中田が好対照なところも興味深かった。

橋下徹という人間に対して本能的な拒否反応を示すかどうかは、非常に大ざっぱではあるが、ぼくは年齢と出身地に左右されると感じている。日本は同じ色に染まりつつあるにしても、伝統、慣習、集団の道徳的基準の差異は各地に残っている。特に橋下の背景にある大阪的なるものは強烈である。

橋下と同年代より下の世代、そして彼の出身地である大阪近辺の人間は彼を支持する傾向がある。そして、その反対、橋下よりも少し上の世代、そして関東の人間には拒否反応がある。

ぼくは京都に生まれて大学に進学するまで関西圏で育った。橋下よりも二つ年上で同年代である。ぼくの定義する橋下の支持層に含まれる。ただ、京都生まれのぼくは、大阪的なるものに距離があった。中田はぼくの三つ年上で横浜生まれだ。大阪に住んだことはあるとはいえ、大阪的な考えを理解できないところもある。そういう点で年齢はもちろん、文化的な背景でも、ぼくは彼と橋下の中間ぐらいに位置していると思うようになった。

日本の統治機構は古くなり、時流に合わなくなっているという維新の会の主張をぼくは支持する。このままだと次の世代はもっとひどくなるだろう。それを変えようと動く、中田と橋下にも共感する。しかし、日本維新の会がそれを本当に改革し、正しい方向に導いていくことができるのかという確信はない。人は変節《へんせつ》するものだ。橋下、中田でさえ腐っていくこともあるだろう。作家は頭の中で着想、構想をいくら膨《ふく》らませても、文字にしなければ意味はない。同じように政治家は結果を残すかどうかである。その意味で、中田が横浜市でやってきたことはもっと評価されるべきだ。ただ、国政ではまだ、である。

素晴らしいマニフェスト、公約は聞き飽きている。彼らが掲げる政策を本当に実行するのか、これからもぼくは追い続けるつもりだ。それがこの本を書いた責任であると考えている。

最後に、この本の一部は『GQ JAPAN』誌で三回にわたって書いた原稿が含まれている。編集長の鈴木正文氏、担当の福留亮司氏が執筆の機会を与えてくれたことが、この単行本に繋《つな》がった。そして何より、予定よりもかなり遅れた原稿に最後まで伴走してくれた、担当の集英社インターナショナルの松政治仁氏に感謝したい。

二〇一三年四月

田崎健太

【歴代内閣】

宮澤喜一内閣（自民）
一九九三年八月
細川護熙内閣（日本新）
一九九四年四月
羽田孜内閣（新生）
一九九四年六月
村山富市内閣（社会）
一九九六年一月
橋本龍太郎内閣
（自民／第一次、二次）
一九九八年七月
小渕恵三内閣（自民）
二〇〇〇年四月
森喜朗内閣
（自民／第一次、二次）
二〇〇一年四月
小泉純一郎内閣
（自民／第一次〜三次）
二〇〇六年九月
安倍晋三内閣
（自民／第一次）
二〇〇七年九月
福田康夫内閣（自民）

【日本の政治と維新関係】

一九九二年六月　PKO協力法、衆議院本会議で可決、成立
一九九四年一二月　日本新党解党、新生党、公明党、社民党などと合併し、新進党、結党
一九九六年四月　日米安保体制の広域化の安保共同宣言
　九月　民主党、結成
一九九七年一二月　地球温暖化防止京都会議開催　新進党解党
一九九八年一二月　NPO法施行
一九九九年四月　山田宏、杉並区長選挙で当選
二〇〇一年一月　中央省庁再編成
二〇〇二年九月　小泉純一郎首相、北朝鮮を訪問
二〇〇三年五月　個人情報保護法成立
　六月　有事法制関連三法成立
　七月　イラク復興支援特別措置法成立
　九月　民主党、自由党を吸収合併
二〇〇四年一月　陸上・海上自衛隊にイラク派遣命令
　五月　裁判員法成立
二〇〇五年一〇月　郵政民営化法成立
二〇〇七年一月　東国原英夫、宮崎県知事選挙で当選
　五月　憲法改正の手続きを定める国民投票法成立
　七月　第二一回参議院選挙で民主党圧勝
二〇〇八年一月　橋下徹、大阪府知事選挙で当選
　六月　大阪維新プログラム案を発表

【政治家・中田宏】

一九九二年五月　山田宏と共に日本新党の結党に参加
一九九三年七月　第四〇回衆議院総選挙、旧神奈川一区でトップ当選
一九九六年一〇月　第四一回衆議院総選挙、神奈川八区から出馬し、再選（初の小選挙区比例代表並立制）
二〇〇〇年六月　第四二回衆議院総選挙、無所属で当選
二〇〇二年三月　市長選立候補に伴い、衆議院議員を失職
　四月　横浜市長選挙で当選
二〇〇五年七月　テレビ番組で初めて橋下徹に会う
　一一月　怪文書が出まわる
二〇〇七年一〇月　『週刊現代』で中田を批判する連載が始まる
二〇〇八年一二月　『週刊現代』で〝愛人〟と称する女性の告発始まる

二〇〇八年九月	麻生太郎内閣（自民）
二〇〇九年九月	鳩山由紀夫内閣（民主）
二〇一〇年六月	菅直人内閣（民主）
二〇一一年九月	野田佳彦内閣（民主）
二〇一二年一二月	安倍晋三内閣（自民／第二次）

二〇〇九年一月	渡辺喜美、自民党を離党
六月	首長連合発足
八月	第四五回衆議院総選挙で民主党が圧勝 みんなの党、結党
二〇一〇年四月	大阪維新の会、結成
五月	日米両政府、普天間基地移転先を名護市辺野古とする声明
二〇一一年三月	福島第一原発の炉心冷却システムの停止で原子力緊急事態宣言を発令
一一月	野田佳彦首相、日米首脳会談でTPP参加意向を表明　橋下、大阪府知事を辞職、大阪市長選挙に立候補
一二月	橋下、大阪市長に就任、区長公募を始める
二〇一二年二月	山田、大阪市特別顧問に就任
三月	維新政治塾始まる
八月	維新八策最終案発表
九月	日本維新の会を発足　維新の会、公開討論会を開催
一〇月	石原慎太郎、都知事を辞任し、新党結成へ
一一月	石原新党（太陽の党）が日本維新の会に合流、石原が代表、橋下が代表代行に 東国原も日本維新の会から衆議院総選挙に出馬を発表
一二月	山田と石原が第四六回衆議院総選挙の比例東京ブロックで当選、東国原が比例近畿ブロックで当選 橋下が日本維新の会の共同代表に就任
二〇一三年三月	日本維新の会、第一回党大会を開催

二〇〇九年四月	開国博Y150始まる
七月	横浜市長辞任を発表
二〇一〇年四月	山田と共に日本創新党、結党
七月	第二二回参議院選挙で落選
一一月	『週刊現代』の中傷記事の裁判で勝訴、会見を開く
二〇一一年一二月	大阪市特別顧問に就任発表
二〇一二年九月	山田と共に日本創新党の解散、翌月、日本維新の会に入党
一一月	山田と共に大阪市特別顧問を辞職し、衆議院総選挙に出馬を発表
一二月	第四六回衆議院総選挙の比例北陸信越ブロックで当選

◉参考文献

『職業としての政治』マックス・ヴェーバー、脇圭平(訳)　岩波文庫
『中田主義　僕の見方、考え方』中田宏　講談社
『なせば成る　偏差値38からの挑戦』中田宏　講談社＋α文庫
『政治家の殺し方』中田宏　幻冬舎
『改革者の真贋』中田宏　PHP研究所
『告発　ニッポンの大問題30』竹中平蔵、中田宏　アスコム
『ニュージーランド行革物語』山田宏、中田宏、長浜博行　PHP研究所
『ニッポン創新！　〝余命3年〟の日本をいかに救うか』中田宏、山田宏、齋藤弘　扶桑社
『横浜改革　中田市長1000日の戦い』横浜改革 特別取材班、相川俊英　ブックマン社
『横浜市改革エンジンフル稼働　中田市政の戦略と発想』南学、上山信一編著　東洋経済新報社
『「日本よい国」構想』山田宏　WAC
『第3の道　日本人が豊かに暮らせるための答え』山田宏　マガジンハウス
『体制維新――大阪都』橋下徹、堺屋太一　文春新書
『大阪――大都市は国家を超えるか』砂原庸介　中公新書
『ツイッターを持った橋下徹は小泉純一郎を超える』真柄昭宏　講談社
『日本中枢の崩壊』古賀茂明　講談社
『さらば財務省！　政権交代を嗤う官僚たちとの訣別』高橋洋一　講談社＋α文庫
『渡邊恒雄回顧録』御厨貴、伊藤隆、飯尾潤　中公文庫
『情と理　後藤田正晴回顧録』後藤田正晴　講談社
『約束の日　安倍晋三試論』小川榮太郎　幻冬舎
『内訟録　細川護熙総理大臣日記』細川護熙、伊集院敦　日本経済新聞出版社
『歴代首相物語』御厨貴編　新書館
『民主の敵　政権交代に大義あり』野田佳彦　新潮新書
『政治とカネ　海部俊樹回顧録』海部俊樹　新潮新書
『巨悪vs言論』立花隆　文春文庫
『政治と情念　権力・カネ・女』立花隆　文春文庫
『戦後史の正体　1945-2012』孫崎享　創元社
『日本の国境問題　尖閣・竹島・北方領土』孫崎享　ちくま新書
『駕籠に乗る人担ぐ人　自民党裏面史に学ぶ』早坂茂三　集英社文庫
『日教組』森口朗　新潮新書
『首長たちの革命』出井康博　飛鳥新社
『松下政経塾とは何か』出井康博　新潮新書
『ワッハ上方を作った男たち』毛馬一三　西日本出版社
『農協の大罪　「農政トライアングル」が招く日本の食糧不安』山下一仁　宝島社新書
『自民党で選挙と議員をやりました』山内和彦　角川SSC新書

本書は、『GQ JAPAN』（コンデナスト・ジャパン）
二〇一二年五月号、八月号、一二月号の記事を
大幅に加筆・修正し、書き下ろしを加えたものです。

田崎健太　たざき・けんた

1968年3月13日、京都市生まれ。ノンフィクション作家。早稲田大学法学部卒業後、小学館に入社。『週刊ポスト』編集部などを経て、1999年末に退社。

著書に『cubaユーウツな楽園』(アミューズブックス)、『此処ではない何処かへ　広山望の挑戦』(幻冬舎)、『ジーコジャパン11のブラジル流方程式』(講談社プラスα文庫)、『W杯ビジネス30年戦争』(新潮社)、『楽天が巨人に勝つ日―スポーツビジネス下克上―』(学研新書)、『W杯に群がる男たち―巨大サッカービジネスの闇―』(新潮文庫)、『辺境遊記』(絵・下田昌克　英治出版)、『偶然完全　勝新太郎伝』(講談社)。

早稲田大学講師として『スポーツジャーナリズム論』『実践スポーツジャーナリズム演習』を担当。早稲田大学スポーツ産業研究所招聘研究員。

twitter :@tazakikenta
http://www.liberdade.com

©2013 Kenta Tazaki Printed in Japan ISBN978-4-7976-7247-3 C0031

維《い》新《しん》漂《ひょう》流《りゅう》　中《なか》田《だ》宏《ひろし》は何《なに》を見《み》たのか

二〇一三年五月二九日　第一刷発行

著者　田崎健太《たざきけんた》
発行者　館孝太郎
発行所　株式会社集英社インターナショナル
〒一〇一-八〇五〇　東京都千代田区一ツ橋二-五-一〇
電話　出版部　〇三(五二一一)二六三二
発売所　株式会社集英社
〒一〇一-八〇五〇　東京都千代田区一ツ橋二-五-一〇
電話　販売部　〇三(三二三〇)六三九三
読者係　〇三(三二三〇)六〇八〇
プリプレス　株式会社昭和ブライト
印刷所　株式会社美松堂
製本所　株式会社ブックアート

定価はカバーに表示してあります。

本書の内容の一部または全部を無断で複写・複製することは法律で認められた場合を除き、著作権の侵害となります。

造本には十分に注意をしておりますが、乱丁・落丁(本のページ順の間違いや抜け落ち)の場合はお取り替えいたします。購入された書店名を明記して集英社読者係までお送りください。送料は小社負担でお取り替えいたします。

ただし、古書店で購入したものについては、お取り替えできません。

また、業者など、読者本人以外による本書のデジタル化は、いかなる場合でも一切認められませんのでご注意ください。